MIX
Papier aus verantwortungsvollen Quellen
Paper from responsible sources
FSC® C105338

Janka Vogel

Transnationale Familien Rumäniens

Wie Kinder und Jugendliche die Arbeitsmigration ihrer Eltern erleben

Diplomica Verlag GmbH

Vogel, Janka: Transnationale Familien Rumäniens: Wie Kinder und Jugendliche die Arbeitsmigration ihrer Eltern erleben, Hamburg, Diplomica Verlag GmbH 2013

Buch-ISBN: 978-3-8428-8923-1
PDF-eBook-ISBN: 978-3-8428-3923-6
Druck/Herstellung: Diplomica® Verlag GmbH, Hamburg, 2013

Bibliografische Information der Deutschen Nationalbibliothek:
Die Deutsche Nationalbibliothek verzeichnet diese Publikation in der Deutschen Nationalbibliografie; detaillierte bibliografische Daten sind im Internet über http://dnb.d-nb.de abrufbar.

Hermannstal 119k, 22119 Hamburg
http://www.diplomica-verlag.de, Hamburg 2013
Printed in Germany

Für
Daniela, Carmen und Jenita

Inhaltsverzeichnis

Ce-ţi doresc eu ţie, dulce Românie,
Ţara mea de glorii, ţara mea de dor?[1]

Mihai Eminescu

Wir riefen Arbeitskräfte,
es kamen Menschen.

Max Frisch

[1] „Was soll ich dir wünschen, süßes Rumänien,
mein Land des Ruhmes, mein Land der Sehnsucht?“
(Übersetzung aus dem Rumänischen hier und an allen weiteren Stellen durch die Autorin).

Vorwort

Die vorliegende Arbeit ist dreierlei: sie ist die Verarbeitung und das Festhalten persönlicher Erlebnisse und Eindrücke, sie ist der Versuch der wissenschaftlichen Auseinandersetzung mit einer kaum greifbaren Thematik und sie ist die Dokumentation von Ergebnissen einer kleinen, vor Ort durchgeführten Studie.

Im Schuljahr 2006/07 habe ich als Freiwillige in einer Grundschule in der Kleinstadt Dorohoi (Rumänien) das Fach Musik unterrichtet. Dabei erlebte ich etwas, was mich auf das im Folgenden bearbeitete Thema stieß. In meinem Rundbrief an Freunde und Familie vom 24.02.2007 berichtete ich davon:

> „[...] Am Mittwoch hatte ich die wöchentliche Flötenstunde mit Klasse 1. Die kleine Aurora[2] sah sehr elend aus, sie hatte schlimme Kopfschmerzen und fühlte sich offensichtlich nicht gut. Nach der Stunde ging ich mit ihr ins Sekretariat, wo sie sich erst einmal hinlegen konnte. Sie sollte nach Hause, dachten wir alle und fragten sie nach ihren Angehörigen (man darf das Kind nur nach Hause schicken, wenn dort auch ein Erziehungsberechtigter auf es wartet). ‚Wo ist denn deine Mama?' ‚In Italien.' ‚Dein Papa?' ‚In Italien.' ‚Deine großen Geschwister?' ‚In Portugal' [...]".

Konnte es möglich sein, dass ein Kind nicht bei seinen leiblichen Verwandten aufwächst? Wie und von wem wurde dieses Mädchen versorgt? Diese und weitere Fragen stellten sich mir. Ich sah ein Kind, was sich nach meinem Verständnis in einer Notlage befand. Die Ursachen und Hintergründe der Migration seiner Angehörigen und die genauere familiäre Situation waren nicht Gegenstand meiner Fragen.

Am 30.07.2008 übertitelte ich dann einen weiteren meiner persönlichen Rundbriefe aus Rumänien mit „Wie im Krimi". Im Rahmen einer weiteren Tätigkeit in diesem Land war ich mit der Situation einer jungen Frau konfrontiert worden, die überstürzt das Land verlassen wollte. Folgende Lage schilderte ich:

> „[...] Sie hat ein kleines Kind und ihr Freund schlägt sie. Häusliche Gewalt ist in Rumänien weit verbreitet. Sie geriet in die Prostituiertenszene, manchmal hatte das ihr Freund von ihr verlangt, manchmal ging sie selber den Schritt – des Geldes wegen. Alle wissen es. Zuletzt war sie in Griechenland, um als Bardame ihr Geld zu verdienen und den Schlägen des Kerles zu entkommen. Jetzt wollte sie wieder dahin; allein, mit einer Plastiktüte. [...] für sie schien Griechenland der einzige Weg zu sein, es würde ihr gefallen, sie fühle sich gut dabei [...]".

Der Fall dieser jungen Frau birgt eine Reihe von Problematiken und Motivlagen, wie zum Beispiel Armut, häusliche Gewalt, Migration und Prostitution.

[2] Name aus Datenschutzgründen geändert.

Dass sie Mutter ist, hält die Betroffene nicht von ihrem Wanderungsvorhaben ab. In reflexiver Perspektive verliert das Geschehen zwar etwas von seiner damaligen Dramatik, der Konflikt Mutterschaft - Migration ist aber auch hier Lebensrealität.

Eine Forschungsperspektive auf die Problemstellung Familie/Gesellschaft – Migration lernte ich 2011 während eines ERASMUS-Aufenthaltes in Sibiu/Hermannstadt kennen. Im Rahmen eines Seminars zum Projektmanagement entwickelten wir für die Projektstudie „Zuwanderung von rumänischen Arbeitnehmerinnen nach Deutschland und Zugang zum deutschen Arbeitsmarkt im Bereich von Haushaltsdienstleistungen und Pflegedienstleistungen“[3] auch Fragestellungen, die sich damit befassten, was die Arbeitsmigration rumänischer Bürgerinnen für ihr Herkunftsland – dabei auch für ihre „Restfamilien“[4] – bedeutet.

Mit der vorgelegten Arbeit soll nun im Rahmen einer erziehungswissenschaftlichen Reflexion ein vorläufiges und exemplarisches Ergebnis in Bezug auf die Lage von Kindern und Jugendlichen, deren Eltern im (europäischen) Ausland arbeiten, formuliert werden. Es kommen dabei auch politik-, sozial- und migrationswissenschaftliche Theorien zur Anwendung, wobei die Übergänge zwischen den Disziplinen fließend und Überschneidungen möglich sind.

[3] Vgl. Sibylle Wollenschläger: Zuwanderung von rumänischen Arbeitnehmerinnen nach Deutschland und Zugang zum deutschen Arbeitsmarkt im Bereich von Haushaltsdienstleistungen und Pflegedienstleistungen, unveröffentlichte Projektstudie, 2011, URL: http://www.fhws-fas.de/images/professoren/wollenschlaeger/dokumente/publik_wollenschlaeger_012001.pdf (letzter Zugriff am 27.06.2013).

[4] Vgl. ebd.

1 Einleitung

Europa ist in Bewegung. So das Credo im aktuellen öffentlichen Diskurs. Er ist wie kaum zuvor angefüllt mit Meldungen über europäische Wanderungsbewegungen. Seit Beginn diesen Jahres berichten deutsche Leitmedien[5] verstärkt über Zuwandernde aus anderen EU-Staaten. Sie kämen aus Spanien, Portugal, Griechenland, aus Polen, Ungarn und Rumänien. Ihre Motive seien „[...] Frust über mangelnde Perspektiven zu Hause und [die, J.V.] Hoffnung, dass es anderswo besser werden könnte [...]",[6] wie es die ZEIT-Autorin Pinzler ausdrückt.

Die im Diskurs genannten Zahlen entstammen unter anderem einer Pressemeldung des Statistischen Bundesamtes vom 7. Mai 2013. Demnach seien im Jahr 2012 insgesamt 1.081.000 Personen nach Deutschland zugezogen, was einem Wanderungsplus von 13 % gegenüber dem Vorjahr entspreche. Länder, die von der Finanz- und Wirtschaftskrise schwerer betroffen seien, sowie die neueren EU-Länder, stellten die Hauptherkunftsregionen der Neuzuwandernden dar. Zu letztgenannten neueren EU-Ländern gehört (neben Bulgarien) auch Rumänien. Von dort seien im vergangenen Jahr 21.000 Personen nach Deutschland zugezogen, 23 % mehr als im Jahr 2011.[7]

Während sich die Bundesregierung und Öffentlichkeit hierzulande mit Zuwandernden überwiegend hinsichtlich ihrer beruflichen Tauglich- und Integrierbarkeit in die deutsche Marktwirtschaft zu befassen scheinen – es sei auf die Diskussion um den sogenannten „Fachkräftemangel" und das medial bemerkbare Umdenken verwiesen, was Neuankömmlinge als „Hilfe aus dem Ausland"[8] verstehen will – werden die Folgen für die Staaten, aus denen diese Menschen emigrieren, weitestgehend ausgeklammert. Die Spanierin Fernandez, deutet diese Problematik im Rahmen eines Interviews mit der ZEIT an: „Vielleicht ist es ja ganz gut, wenn nicht alle in Deutschland durchstarten. Schließlich braucht man in Spanien ja auch noch ein paar gute Leute."[9]

Die „guten Leute" braucht man nicht nur in Spanien, sondern auch in Rumänien. Von dort allerdings wanderten ebenfalls die Bessergestellten, Gutausgebildeten und Aufstiegsorientierten aus, wie der Südosteuropa-Experte Mappes-Niediek am 7. Mai 2013 in der Vortragsreihe *W-Forum* der wissenschaftlichen Dienste des Bundestages äußerte. Eine „[...] Bevölkerungsgruppe, die weit überpro-

---

[5] Exemlarisch sei auf jüngste Artikel im SPIEGEL und der ZEIT hingewiesen, vgl. Sven Becker: Der deutsche Traum, in: DER SPIEGEL 9 (2013), S. 30–40 und Petra Pinzler: Arme, junge, kluge Einwanderer, in: DIE ZEIT 19 (2013), 24f.

[6] Ebd., S. 24.

[7] Vgl. Martin Conrad: Weiter hohe Zuwanderung nach Deutschland im Jahr 2012, Pressemitteilung des Statistischen Bundesamtes, 2013, URL: `https://www.destatis.de/DE/PresseService/Presse/Pressemitteilungen/2013/05/PD13_156_12711pdf.pdf?__blob=publicationFile` (letzter Zugriff am 27.06.2013).

[8] Becker: Der deutsche Traum (wie Anm. 5), S. 31.

[9] Pinzler: Arme, junge, kluge Einwanderer (wie Anm. 5), S. 25.

portional migriert [...]"[10] seien rumänische Ärzte, die in Großbritannien oder Deutschland ungefähr das Zehnfache ihres rumänischen Gehaltes verdienten. Rumänien sei das Land mit der geringsten Ärztedichte Europas, fügte er hinzu.[11]
Die hier angesprochenen Zusammenhänge und Spannungen werden in der Wissenschaft seit einigen Jahren mit dem Begriff des „brain drain"[12] gefasst.

Die vorliegende Arbeit beschäftigt sich mit dem Land Rumänien. Es sollen Fragen nach denjenigen gestellt werden, die migrieren, und nach jenen, die (noch) nicht migrieren. Wenn – wie im Vorjahr – circa 0,1 % der rumänischen Bevölkerung allein nach Deutschland migriert ist, muss neben der Frage nach der Ankunfts- und Aufnahmesituation dieser Personen in Deutschland auch danach gefragt werden, welche Konsequenzen ihr (meist temporärer) Weggang für ihre Angehörigen hat. Eine bloße Kritik der Auswanderung greift aber zu kurz; sie fördert die Stigmatisierung der Migrierenden, trägt aber wenig zur Erhellung der komplexen Situation bei. Vielmehr werden die Bedingungsfaktoren von Migration zu beleuchten sein, was im Rahmen dieser Arbeit auch zu historischen und politischen Erörterungen in Bezug auf Rumänien führen wird.

Über die sogenannten „Children left behind"[13] die Kinder und Jugendlichen, die im Heimatland (zurück-)bleiben, wenn ihre Eltern sich zu Arbeitszwecken in anderen Ländern aufhalten, sind in den letzten Jahren einige Untersuchungen angefertigt worden. Hondagneu-Sotelo und Avila haben 1997 mit ihrer Studie über transnationale Mutterschaft von Lateinamerikanerinnen eine der ersten Arbeiten dieser Art vorgelegt[14], Parreñas führte 2005 qualitative Interviews mit

[10] Norbert MAPPES-NIEDIEK: Die Situation der Roma in Südosteuropa als gesamteuropäische Herausforderung, Vortragsreihe W-Forum der wissenschaftlichen Dienste des Bundestages, 2013, URL: `http://www.bundestag.de/dokumente/textarchiv/2013/44560881_kw19_wforum_roma/index.html`.

[11] Vgl. ebd. Interessant ist in diesem Zusammenhang, dass immer mehr medizinische Einrichtungen in Deutschland den rumänischen Arbeitsmarkt entdecken, was sich beispielsweise an ihrem Anzeigeverhalten in der in Rumänien erscheinenden „Allgemeinen Deutschen Zeitung für Rumänien" ablesen lässt; vgl. u.a. ALLGEMEINE DEUTSCHE ZEITUNG FÜR RUMÄNIEN: Aus Altersgründen suche ich für meine gut gehende Zahnarztpraxis mit einem weit überdurchschnittlichen Privatumsatz eine/-n Nachfolger (m/w) mit Berufserfahrung und guten, deutschen Sprachkenntnissen, Anzeige, 2013, DIES.: Welcher Zahnarzt hat Lust sich in Deutschland niederzulassen?, Anzeige, 2013 und DIES.: Wir sind eine langjährig etablierte Großpraxis für Radiologie und Nuklearmedizin in Südwestdeutschland (Großraum Stuttgart - Ulm). Zum nächstmöglichen Zeitpunkt ist bei uns eine Stelle als Facharzt/Fachärztin für Nuklearmedizin zu besetzen, Anzeige, 2013.

[12] Üblicherweise wird er verwendet, um den Prozess der Migration von (höher) gebildeten Bevölkerungsteilen aus Entwicklungs- in Industriestaaten und die Auswirkungen dieser Wanderungsbewegung in den Herkunftsstaaten zu beschreiben, vgl. Taghi RAMIN: The brain drain from developing countries to developed countries, in: International Advances in Economic Research 1.1 (1995), S. 82, URL: `http://dx.doi.org/10.1007/BF02295863` (letzter Zugriff am 31.05.2013). Er illustriert seine Definition ebenfalls mit dem Beispiel (aus-)wandernder Ärzte. Zum „brain drain" vgl. auch Lydia POTTS: Weltmarkt für Arbeitskraft. Von der Kolonisation Amerikas bis zu den Migrationen der Gegenwart, 1. Aufl., Hamburg: Junius Verlag GmbH, 1988, S. 16–19, 241–269, hier S. 18.

[13] Vgl. u.a. Rosalia CORTÉS: Children and Women Left Behind in Labour Sending Countries: An Appraisal of Social Riscs, Working Paper von UNICEF, New York, 2008, URL: `http://www.childmigration.net/files/Rosalia_Cortes_07.pdf`, 11ff (letzter Zugriff am 27.06.2013).

[14] Pierrette HONDAGNEU-SOTELO/Ernestine AVILA: „I'm here, but I'm there". The Meanings of Latina Transnational Motherhood, in: Gender and Society 11.5 (1997), S. 548–571, URL: `http://gas.sagepub.com/content/11/5/548` (letzter Zugriff am 21.05.2013).

erwachsenen Migrantenkindern auf den Philippinen[15], Salah hat für UNICEF in einem größeren Forschungsprojekt 2008 die Facetten der moldawischen Arbeitsmigration herausgearbeitet[16] und Walczak untersuchte 2011 soziale Ungleichheiten, die durch elterliche Migration in Polen entstehen können.[17]

Mit der dieser Arbeit zugrundeliegenden ethnografischen Feldforschung mit qualitativen Interviews vor Ort soll, wenn auch in wesentlich geringerem Umfang, an diese Studien angeknüpft werden. Wie unter anderem Rohr und Rau bemerken, fehlen in der internationalen Migrationsforschung Untersuchungen über die zurückbleibenden Kinder und Familien[18], weshalb mit der Aufbereitung der in Rumänien erhobenen Daten auch die Hoffnung verbunden ist, einen kleinen Beitrag zur weiteren Schließung dieser Lücke leisten zu können.

Zunächst jedoch soll im 2. Kapitel mit dem Fokus auf Europa geklärt werden, was der Begriff der Migration beinhaltet. Dabei wird die Arbeitsmigration als eine besondere und besonders aktuelle Form der Wanderung näher beleuchtet. Die Tatsache, dass Migrierende nationale Grenzen zwar überschreiten, dies aber oft nicht dauerhaft und nicht einmalig tun, macht es außerdem erforderlich, in Kapitel 3 das Konzept der Transnationalität einzuführen und näher zu betrachten. Damit werden die Voraussetzungen geschaffen, um der migrationsbedingt entstehenden transnationalen Familie einige Überlegungen widmen zu können. Diese sind Ausgangspunkt für die Präsentation und Erläuterung der Untersuchungsergebnisse im folgenden 4. Kapitel, wo in drei Schritten entfaltet werden soll, wie sich die Situation von Familien mit migrierten Angehörigen in Dorohoi (Rumänien) darstellt.
Eine abschließende Zusammenfassung und Diskussion der Ergebnisse soll in Kapitel 5 mit einigen Ausblicken die Untersuchung abrunden.

Im Rahmen dieser Arbeit geht es um das Verstehen ungewöhnlicher biografischer Entwürfe. Dies impliziert – wie Hamburger/Hummrich zu Recht fordern – das Anerkennen der Vielfalt möglicher Lebens-, Migrations- und Familienformen, „[...] um dann ihre produktiven und riskanten Aspekte analytisch fassen zu können [...]“[19].

---

[15] Rhacel Salazar PARREÑAS: Children of Global Migration. Transnational Families and Gendered Woes, Stanford/ California: Stanford University Press, 2005.

[16] Mohamed Azzedine SALAH: The Impacts of Migration on Chidren in Moldova, UNICEF, 2008, URL: http://www.unicef.org/The_Impacts_of_Migration_on_Children_in_Moldova(1).pdf (letzter Zugriff am 07.03.2013).

[17] Bartłomiej WALCZAK: Economic, class and gender inequalities in parental migration, in: Marek NOWAK/ Michał NOWOSIELSKI (Hrsg.): (Post)transformational Migration. Inequalities, Welfare State and Horizontal Mobility, Frankfurt am Main: Peter Lang Internationaler Verlag der Wissenschaften, 2011.

[18] Vgl. u.a. Elisabeth ROHR: Vorwort, in: Beatrice KUSTOR-HÜTTL (Hrsg.): Weibliche Strategien in der Resilienz. Bildungserfolg in der Migration, 1. Aufl., Frankfurt am Main: Brandes & Apsel Verlag, 2011, S. 248, ebenfalls dazu vgl. PARREÑAS: Children of Global Migration (wie Anm. 15), 93f und Cătălin LUCA: Manual pentru professioniştii care lucrează cu copiii rămaşi singuri acasă ca urmare a plecării părinţilor la muncă în străinătate, Editura Terra Nostra, Iaşi, 2009, S. 7.

[19] Vgl. Franz HAMBURGER/Merle HUMMRICH: Familie und Migration, in: Jutta ECARIUS (Hrsg.): Handbuch Familie, Wiesbaden: VS Verlag für Sozialwissenschaften, 2007, S. 112–134, URL: http://dx.doi.org/10.1007/978-3-531-90675-1_7, hier S. 128 (letzter Zugriff am 30.05.2013).

2 Migration

Zu allen Zeiten der Weltgeschichte sind Menschen gewandert. Mobilität war seit jeher notwendig; sei es, um bessere Anbau- und Weideflächen zu finden, sei es, um beengten Lebensverhältnissen zu entkommen. Nicht zuletzt hat die Migration ganzer Völker zur Besiedlung der Erde beigetragen. Im Laufe der Zeit – besonders jedoch ab der zweiten Hälfte des 20. Jahrhunderts[20] – haben sich die weltweiten Wanderungsbewegungen nicht nur vervielfacht[21] sondern auch ausdifferenziert.
Das im Folgenden untersuchte Feld, die Lebenswelt Heranwachsender in Nordostrumänien, ist stark geprägt von Wanderungsbewegungen, weswegen an dieser Stelle zunächst ein allgemeiner Blick auf Migration und dann auch ein spezifischer auf Arbeitsmigration geworfen werden soll.

2.1 Begriff der Migration

„Migration" ist nicht leicht zu definieren. Angesichts der unvollständigen Datenlage über „[...] Ausmaß, Chronologie und Geographie aller relevanten Migrationsströme [...]"[22] problematisiert beispielsweise schon Münz die Definition des Migrationsbegriffes. Weiterhin spricht er unterschiedliche Selbstdefinitionen an – nicht jede(r) Wandernde verstehe sich als Migrant oder Migrantin. Schließlich sei die Definition von Migration im Rahmen statistischer Erfassungen, beziehungsweise administrativer Regelungen von Land zu Land verschieden. Für die vorliegende erziehungswissenschaftliche Arbeit ist es notwendig, sozialwissenschaftliche Definitionen von Migration heranzuziehen und gegebenenfalls zu erweitern.

Zunächst leitet sich der Begriff der Migration ab vom lateinischen „migratio" für „Wanderung", „Auswanderung" und „Umzug".[23] Das Verb „migro" oder „migrare" wird demnach übersetzt mit „(aus)wandern", „aus-, wegziehen" und „übersiedeln".[24] Migration ist Han zufolge eine Wanderung, die einen dauerhaften Wohnsitzwechsel impliziert.[25] Dabei zeigt sich, dass Dauerhaftigkeit eine dehnbare Formel ist. Mit Migration beschreibe ich deshalb alle Wanderungsbewegungen, die einen Wohnortwechsel mit einer Dauer von mindestens einem Monat bedeuten.

---

[20] Vgl. u.a. Veronica MUNK: Migration und Sexarbeit. Dilemmata der Illegalität, in: Osteuropa: Mythos Europa: Prostitution, Migration, Frauenhandel 56 (2006), S. 55–66, hier S. 55.

[21] Vgl. u.a. Ludger PRIES: Neue Migration im transnationalen Raum, in: DERS. (Hrsg.): Transnationale Migration, 1. Aufl., Bd. 12 (Soziale Welt), Baden-Baden: NOMOS Verlagsgesellschaft, 1997, S. 15.

[22] Rainer MÜNZ: Woher – wohin? Massenmigration im Europa des 20. Jahrhunderts, in: Ludger PRIES (Hrsg.): Transnationale Migration, 1. Aufl., Bd. 12 (Soziale Welt), Baden-Baden: NOMOS Verlagsgesellschaft, 1997, S. 222.

[23] Rita HAU: PONS Wörterbuch für Schule und Studium Latein – Deutsch, 3. Aufl., Köln: Ernst Klett Sprachen, 2003, S. 544.

[24] Ebd.

[25] Petrus HAN: Soziologie der Migration. Erklärungsmodelle – Fakten – Politische Konsequenzen – Perspektiven, 2. Aufl., Stuttgart: Lucius & Lucius, 2005, S. 8.

Migration geschieht über nationalstaatliche Grenzen hinweg. Da die die zu untersuchende Wanderung kennzeichnenden spezifischen Herausforderungen für die Migrierenden, aber auch spezielle Anforderungen an ihre Familien im Heimatland überwiegend bei der Migration über Ländergrenzen hinweg auftreten, wird an dieser Stelle das Phänomen der Binnenmigration in Anlehnung an Han[26] vernachlässigt. Migration als vorrangig nationalstaatliche Grenzen überschreitend zu verstehen, ergibt auch deshalb Sinn, da diese Form der Wanderung derzeit in großem Umfang auftritt. Lutz beispielsweise geht von einem weltweiten Anteil von drei bis vier Prozent derjenigen aus, die sich nicht in ihrem Heimatland aufhalten,[27] die also – in welcher Form auch immer – migriert sind.

Migration ist das Überschreiten von Grenzen, das Durchqueren von Landstrichen, das Durchreisen durch Sprachräume und auch das Überschreiten kultureller Grenzen. Migration ist beides: Aufbruch und Ankunft. Migration basiert auf einer bewussten Entscheidung, kann aber vorher nicht bewusst gemachte Folgen haben. Migration ist immer auch ein Wagnis, ein Losgehen in unbekanntes Terrain. Wer wandert, tut dies in der Hoffnung auf Erfolg und erlebt währenddessen die Ambivalenz der Erreichbarkeit der gesetzten Ziele.

Eine Definition von Migration muss ihre Risiken mitdenken, darf gleichzeitig aber nicht den Blick für die emanzipatorischen Implikationen des Migrationsprozesses verlieren. So ist es besonders Bojadzijew/Karakayali ein Anliegen, migratorisches Verhalten auch als Strategie zu verstehen, mit der einerseits das Überleben gesichert werden soll, andererseits aber auch Protest an bestehenden Vergesellschaftungsformen artikuliert wird.[28]

Anders nuanciert heben Hamburger/Hummrich den Modernitätscharakter von Migration hervor: sie sei ein „Mechanismus der Modernisierung".[29] Damit grenzen sie sich ebenfalls von vorschnellen Subsumptionen des Migrationsphänomens unter dem Belastungsdiskurs ab. Rosen bejuble ihnen zufolge Migrierende gar als „Avantgarde der postmodernen Gesellschaft".[30]
Der Migration eigen ist Modernität nun in zweierlei Hinsicht: einerseits stellt Migration in ihren derzeitigen Ausmaßen ein Phänomen der Moderne dar,[31] beziehungsweise wird als Kennzeichen moderner Gesellschaften verstanden[32] (epochal), andererseits bedeutet sie für die Migrierenden und ihr Umfeld eine Modernisierung im Sinne einer Neuerung oder Neugestaltung der Lebenssituation (sozial).

---

[26] Vgl. Han: Soziologie der Migration (wie Anm. 25).

[27] Vgl. Helma Lutz: Gender Mobil? Geschlecht und Migration in transnationalen Räumen, in: dies. (Hrsg.): Gender Mobil? Geschlecht und Migration in transnationalen Räumen, 1. Aufl., Münster: Verlag Westfälisches Dampfboot, 2009, S. 8–26, hier S. 10.

[28] Vgl. Manuela Bojadzijew/Serhat Karakayali: Autonomie der Migration. 10 Thesen zu einer Methode, in: Transit Migration Forschungsgruppe (Hrsg.): Turbulente Ränder, Bielefeld: Transcript Verlag, 2007, S. 203–210, hier S. 204, 209.

[29] Hamburger/Hummrich: Familie und Migration (wie Anm. 19), S. 115.

[30] Vgl. ebd., S. 117.

[31] Vgl. u.a. Pries: Neue Migration im transnationalen Raum (wie Anm. 21), S. 15.

[32] Vgl. Münz: Woher – Wohin? (Wie Anm. 22), S. 222.

2.2 Globaler Kapitalismus als Ursache von (Arbeits-) Migration

Der Zusammenhang von globaler Wirtschaft und Politik und ihre Einflüsse auf Migrationsbewegungen werden im Folgenden dargestellt. Es zeigt sich allgemein, dass zwar viele Autoren eine Verbindung herstellen zwischen Globalisierung und Migration,[33] der Anteil, den speziell die kapitalistische Wirtschaftsweise an dieser Entwicklung hat, dabei aber übersehen zu werden droht.

Kößler diagnostiziert in seinem Aufsatz zu Globalisierung und internationaler Migration für den Zeitraum ab circa 1980 einen „Globalisierungsschub".[34] Seine Analyse des Globalisierungsprozesses ergibt drei Formen zunehmender internationaler Verflechtungen: zunächst seien ländergrenzenüberschreitende Unternehmen, Kapitalströme und Kooperationen ein Merkmal der Globalisierung. Weiterhin hätten sich auch persönliche Beziehungen zwischen Menschen internationalisiert. Schließlich führt Kößler die elektronischen Medien[35] an, mit denen kulturelle Muster „[...] einheitlich und global [...] propagiert und weitervermittelt [würden, J.V.]".[36]

Inwiefern sind nun global ausgetragene kapitalistische Bestrebungen ursächlich für Migration? Einen ersten allgemeinen Erklärungsansatz liefert ebenfalls Kößler, der die „[...] weltweit durchgesetzten Strategien der Deregulierung und oft radikal marktwirtschaftlichen Orientierungen [...]" als unmittelbar mit dem Globalisierungsprozess verknüpft denkt[37]; ihm zufolge führten diese Vorgehensweisen zur Marginalisierung ganzer Regionen.

Glick Schiller, Basch und Blanc, die im gleichen Band nach Gründen transnationaler Migration suchen, problematisieren – ebenfalls dem Marginalisierungsdiskurs folgend – die im Zuge weltweiter Umsetzung kapitalistischer Akkumulationsziele entstehenden Ungleichheiten:

> „[...] Capitalism from its beginnings has been a system of production dependent on global interconnections between the people of the world. Today we are facing a reconstitution of the structure of accumulation so that not only are profits accumulated globally, but all parts of the world have been incorporated into a single system of production, investment, communication, coordination, staffing [...] and distribution (Sassen 1994) [...]

---

[33] Vgl. u.a. Nina Glick SCHILLER/Linda BASCH/Cristina Szanton BLANC: From Immigrant to Transmigrant: Theorizing Transnational Migration, in: Ludger PRIES (Hrsg.): Transnationale Migration, 1. Aufl., Bd. 12 (Soziale Welt), Baden-Baden: NOMOS Verlagsgesellschaft, 1997.

[34] Reinhart KÖSSLER: Globalisierung, internationale Migration und Begrenzungen ziviler Solidarität. Versuch über aktuelle Handlungsformen von Nationalstaaten, in: Ludger PRIES (Hrsg.): Transnationale Migration, 1. Aufl., Bd. 12 (Soziale Welt), Baden-Baden: NOMOS Verlagsgesellschaft, 1997, S. 331, 337, 341.

[35] Vgl. dazu auch PRIES: Neue Migration im transnationalen Raum (wie Anm. 21), S. 16.

[36] KÖSSLER: Globalisierung, internationale Migration und Begrenzung ziviler Solidarität (wie Anm. 34).

[37] Ebd., S. 330.

Capital is beeing channeled into key sectors and regions while the infrastructure of transportation, education, health services[38] are stripped away from those countries, and sections of countries and cities, defined as superfluos to the newly defined circuits of wealth and power [...]“.[39]

Dem Ungleichheitsdiskurs folgend spricht auch Specht (im speziellen Fall weiblicher Arbeitsmigration und im Bewusstsein der Vielfalt an Migrationsmotiven) von großen ökonomischen und sozialen Ungleichheiten als allgemeiner Hauptursache von Migration.[40]

Diese Ungleichheiten werden durch eine Art „Heuschreckenkapitalismus“[41] verursacht. Er führt aufgrund radikaler Produktionskostenminimierungsstrategien zur Schließung von Produktionsstätten und damit zum Ausschluss ganzer Regionen vom Weltmarkt. Investitionen wirtschaftlicher und infrastruktureller Art, aber auch Exportmöglichkeiten fehlen den betroffenen Regionen fortan.[42] Allgemeine Folge „heuschreckenkapitalistischen“ Vorgehens ist die Arbeitslosigkeit der dort ansässigen Bevölkerung. Diese führt nicht selten auch zu ihrer Verarmung.
„[...] Entweder man verdämmert in seinem verödeten Landstrich oder man wandert aus [...]“, bringt Mappes-Niediek pointiert die Alternativen der von Arbeitslosigkeit in diesen Regionen Betroffenen zum Ausdruck.[43] Munk spricht (im speziellen Fall weiblicher Migration) auch von (feminisierter) Armut als Aus-

---

[38] Zur Vernachlässigung sozialer Aspekte wie Gesundheit und Bildung durch die Liberalisierung und Entgrenzung von Finanz-, Güter- und Dienstleistungsmärkten siehe u.a. auch Munk: Migration und Sexarbeit (wie Anm. 20), S. 55.

[39] Schiller/Basch/Blanc: From Immigrant to Transmigrant (wie Anm. 33), S. 123. Die Autorinnen beschreiben ein Nebeneinander („while“) von infrastruktureller Demontage und Investitionsströmen in sogenannte „Zentren der Macht“, ziehen aber eine Abhängigkeit dieser beiden Phänomene nicht in Betracht.

[40] Vgl. Barbara Specht: Foreword, in: Women's labour migration in the context of globalisation, Brussels: WIDE, 2010, S. 3–4, hier S. 3.

[41] Der Vergleich kapitalistischen Vorgehens mit Heuschreckenschwärmen stammt ursprünglich von Müntefering, der damit in einem Interview die Vorgehensweise mancher Finanzinvestoren bezeichnete. Diese verschwendeten keine Gedanken an die Menschen, deren Arbeitsplätze sie vernichteten, sie fielen wie Heuschrecken über Unternehmen her, grasten sie ab und zögen weiter, vgl. u.a. Frank Stocker: Wie die Heuschrecken über uns kamen, in: DIE WELT 2010, URL: `http://www.welt.de/finanzen/article7225622/Wie-die-Heuschrecken-ueber-uns-kamen.html` (letzter Zugriff am 26.06.2013).
Kritiker sehen darin allerdings eine „verkürzte Kapitalismuskritik“ (Fabian Alexander Georgi: Inwiefern ist Kapitalismus ursächlich für Migration?, Inwiefern ist Kapitalismus ursächlich für Migration?, Gespräch am 27.05.2013), die im Zuge einer Pauschalisierung akkumulatorischer Vorgänge und einer Reduzierung auf die heuschreckenartigen (Finanz-)Investoren die Komplexität weltweiter Strategien zur Kapitalvermehrung ausblende. Außerdem sei ein Vergleich mit Ungeziefer historisch kritisch zu sehen, könne er doch als faschistoid aufgefasst werden. Es erscheint deshalb der Verweis wichtig, dass der Heuschreckenbegriff *hier* lediglich zur Illustration der *Wanderungs*bewegung von Investoren und Produktionsstätten verwendet wird.

[42] Ein Beispiel für „heuschreckenkapitalistisches“ Vorgehen bietet der Fall NOKIA. Nachdem das Bochumer Werk geschlossen worden war, hatte der Mobilfunkgerätehersteller seine Produktionsstätte ins rumänische Cluj Napoca verlegt. Nach drei Jahren wurde auch dort die Produktion eingestellt, zugunsten einer Produktionsstätte in Asien, vgl. u.a. Andreas Wyputta: Und sie ziehen weiter. Nokia verlässt Werk im rumänischen Cluj, in: taz. Die Tageszeitung 2011, URL: `http://www.taz.de/!79191/` (letzter Zugriff am 27.06.2013).

[43] Mappes-Niediek: Die Situation der Roma in Südosteuropa als gesamteuropäische Herausforderung (wie Anm. 10) Er nennt die Alternative zwar im Hinblick auf die Wende in Rumänien, jedoch gilt sie für alle Regionen weltweit, die mit derartigen Entwicklungen konfrontiert sind.

löser von Wanderungsbewegungen.[44] Migration kann so zu einer Überlebens- oder Ausweichstrategie werden, wie sie etwa – unterschiedlich konnotiert – von Bojadzijev/Karakayali[45] und Kößler[46] beschrieben wird. Munk zeigt auf, dass (Arbeits-)Migration auch als Flucht aus Arbeitslosigkeit verstanden werden kann.[47] Kapitalistische Wirtschaftsweise scheint also über den Faktor Arbeitslosigkeit mit Migration zusammenzuhängen.

Bojadzijev/Karakayali zufolge greift diese Ansicht – die „[...] Vorstellung, nach der Menschen sich auf den Weg in die Migration machen, weil sie arbeitslos sind und woanders in Arbeit kommen wollen [...]“[48] – allerdings zu kurz. Dieser Vorstellung halten sie ihr Konzept der „Autonomie der Migration“[49] entgegen. Demnach reagierten Menschen *eigensinnig* auf Lebensbedingungen, mit denen sie sich nicht abfinden wollen. Enttäuschte Hoffnungen in Bezug auf Arbeitsbedingungen oder Entlohnung, auf Lebensstandard und Zukunftschancen veranlassten Menschen dazu, aktiv eine Veränderung der Situation anzustreben.[50] Migration könne eine Form dieser eigensinnigen[51] Reaktion sein, sie sei aber nicht einfache Folge von Arbeitslosigkeit.[52]
Nach meinem Ermessen besteht dabei allerdings die Gefahr, im Zuge einer „Romantisierung“[53] der autonomen Migrationsentscheidung auszuklammern, dass bei aller Selbständigkeit der Entscheidung zur Wanderung es doch eine bedingte Entscheidung ist; und ihr Hauptbedingungsfaktor ist Arbeitslosigkeit, das Fehlen von Arbeitsplätzen oder der Mangel an ausreichend bezahlter Arbeit.

2.3 Arbeitsmigration

Da das Phänomen der Arbeitsmigration, was – wie gezeigt – hauptsächlich durch große ökonomische und soziale Ungleichheiten verursacht sein dürfte,[54] einen Kernaspekt derzeitiger Migrationsbewegungen und -formen ausmacht, da selbiges außerdem für das zu untersuchende Feld in Dorohoi eine zentrale Rolle spielt, wird es im Folgenden einer Analyse unterzogen.

---

[44] Vgl. Munk: Migration und Sexarbeit (wie Anm. 20), S. 55.

[45] Vgl. Bojadzijew/Karakayali: Autonomie der Migration (wie Anm. 28), S. 204.

[46] Vgl. Kössler: Globalisierung, internationale Migration und Begrenzung ziviler Solidarität (wie Anm. 34), S. 333.

[47] Vgl. u.a. Munk: Migration und Sexarbeit (wie Anm. 20), S. 55.

[48] Bojadzijew/Karakayali: Autonomie der Migration (wie Anm. 28), S. 204.

[49] Vgl. ebd.

[50] Vgl. Georgi: Inwiefern ist Kapitalismus ursächlich für Migration? (Wie Anm. 41).

[51] Bojadzijev et al. verstehen damit auch: nicht steuerbar, vgl. Bojadzijew/Karakayali: Autonomie der Migration (wie Anm. 28), 204f.

[52] Damit soll auch dem Anliegen Rechnung getragen werden, Migranten und Migrantinnen nicht als (passive) Objekte in einem linear gedachten Kausalzusammenhang zu sehen.

[53] Sunny Omwenyeke: Keine Romantisierung, bitte. „Autonomie der Migration“ im Streitgespräch, Karawane, 2004, URL: `http://thecaravan.org/node/19` (letzter Zugriff am 11.06.2013).

[54] Vgl. Anja K. Franck/Andrea Spehar: Women's labour migration in the context of globalisation, Brussels: WIDE, 2010, URL: `http://www.ilo.org/public/libdoc/jobcrisis/download/Womens\%20labour\%20migration,\%20WIDE,\%20Oct\%202010.pdf`, S. 5 (letzter Zugriff am 30.05.2013).

2.3.1 Allgemeines zur Arbeitsmigration

Arbeitsmigration ist ein historisches Phänomen, was an der Bruchlinie von Gesellschaften mit stark wachsendem Wirtschaftsvolumen aber kaum vorhandenen Arbeitskräften, und Gesellschaften mit kaum vorhandener Wirtschaftsentwicklung, aber vielen (teils ungelernten) potentiellen Arbeitskräften, entsteht. Bedingung für Arbeitsmigration ist also einerseits die ökonomische Situation eines Landes, die es dazu veranlasst, mit politischen Mitteln Arbeitskräfte zu rekrutieren – im Ausland findet sich dabei ein erweitertes, potentielles Arbeitnehmerrepertoire. Andererseits wird Arbeitsmigration dadurch bedingt, dass Länder ein überakkumuliertes „Humankapital" besitzen und Strategien wahrnehmen, die Arbeitssuche ihrer Bevölkerung im Ausland zu fördern, mindestens jedoch die Ausreise nicht restringieren.

Wie sich bei eingehender Betrachtung zeigt, ist die Globalität, beziehungsweise Transnationalität von Arbeitsmigration – trotz Hans Diagnose der heute stattfindenden „Globalisierung der Migration"[55] – keineswegs ein neues Phänomen. Potts versteht bereits die Kolonisation Amerikas und Afrikas als Anlässe, die zur Rekrutierung von Arbeitsmigranten führten.[56] Han, der ebenfalls zwischen freiwilliger und erzwungener Arbeitsmigration unterscheidet,[57] wertet im Gegensatz zu Potts den Sklavenhandel zu Kolonialzeiten nicht als Arbeitsmigration im engeren Sinne. Im System der „Vertragsarbeiter" sieht er jedoch ein Nachfolgemodell der Sklaverei, mittels dessen indische Arbeitskräfte im 19. und 20. Jahrhundert nach Nordamerika, in die Karibik und nach Südostasien gebracht wurden.[58] Es zeigt sich, dass Arbeitsmigration historische Bedeutung hat.

Um Arbeitsmigration als die hier näher untersuchte Migrationsform klarer zu fassen, ist die Abgrenzung zu weiteren Formen der Wanderung hilfreich. So spricht Han für die Zeit ab dem Zweiten Weltkrieg von einer „Diversifizierung der Migrationsformen"[59] und unterscheidet folgende Arten von Migration: „[...] Arbeitsmigration, Familienzusammenführung, Flüchtlinge, Migration von Studierenden, Migration ethnischer Minderheiten [und, J.V.] illegale Migration [...]".[60] Dem ist hinzuzufügen, dass auch Mischformen auftreten können, wie im Fall derjenigen Studierenden, die im Gastland auch einer Beschäftigung nachgehen, oder derjenigen moldawischen Arbeiterinnen, die in Italien Illegalisierte[61] sind.

Arbeitsmigration findet weltweit statt; innerhalb von Ländern, innerhalb von Kontinenten, aber auch über Kontinentgrenzen hinweg.

---

[55] Han: Soziologie der Migration (wie Anm. 25), S. 85.

[56] Vgl. Potts: Weltmarkt für Arbeitskraft (wie Anm. 12), S. 244.

[57] Vgl. Han: Soziologie der Migration (wie Anm. 25), S. 86.

[58] Vgl. ebd., S. 87.

[59] Ebd., S. 85.

[60] Ebd., 85f.

[61] Vgl. dazu Ed Moschitz: Mama illegal, Dokumentarfilm, 2011.

2.3.2 Deutschland als Zielland von Arbeitsmigration

Arbeitsmigration nach Deutschland findet nicht erst seit einigen Jahrzehnten statt. Wie etwa Han und Potts[62] zeigen, hat die deutsche Wirtschaft seit dem 19. Jahrhundert – also seit Industrialisierung und beginnender kapitalistischer Wirtschaftsweise – von ausländischen Arbeitskräften profitiert.[63] Han nennt etwa „[...] russische und polnische ‚Wanderarbeiter' in der Großlandwirtschaft der ostelbischen Junker [...]"[64], österreichisch-ungarische Zuwanderer im späten Kaiserreich oder „Fremdarbeiter", die zuzeiten des Dritten Reiches in der Kriegswirtschaft eingesetzt waren.[65]

Erstmals als „Arbeitsmigration" bezeichnet wurde die Zuwanderung nach Deutschland von Anfang der 60er bis Mitte der 70er Jahre des vorigen Jahrhunderts. In dieser Phase wurden ausländische Arbeitnehmer im Rahmen des Anwerbeabkommens der Bundesregierung für Tätigkeiten in der Schwerindustrie und anderen männerdominierten Berufsfeldern angeworben. Diese ersten Arbeitsmigranten kamen aus dem ehemaligen Jogoslawien, aus Italien, Spanien, Portugal und Griechenland; später kamen türkische, marokkanische und tunesische Arbeitskräfte hinzu.[66] Wie Münz bemerkt, waren in den 70er Jahren die Mehrheit der in Deutschland lebenden Ausländer Arbeitsmigranten.[67] Nach dem Anwerbestopp 1973 war Deutschland zunächst nicht mehr Zielland von Arbeitsmigration.[68]

Im letzten Jahrzehnt hat die Zahl derjenigen, die nach Deutschland einreisen, um einer Beschäftigung nachzugehen, wieder stärker zugenommen. Politisch eingeleitet wurde diese neue Wanderungsphase, die sich in globalen Ausmaßen vollzieht, mit der Einführung der Green Card für IT-Experten im Jahre 2000.[69] Die eingangs bereits angesprochene öffentliche Bewusstseinsbildung darüber, dass die Bundesrepublik auf ausländische Fachkräfte zunehmend angewiesen sein wird, ist politisch gewollt. Angesichts einer rapide alternden Gesellschaft und des desaströsen Bildungsniveaus einer großen Zahl junger Menschen hierzulande wird gut (aus-)gebildetes Personal mittlerweile europaweit gesucht.

---

[62] Vgl. Potts: Weltmarkt für Arbeitskraft (wie Anm. 12), S. 247.

[63] Diese Tatsache deutet ebenfalls darauf hin, dass zwischen Kapitalismus und Arbeitsmigration ein Zusammenhang besteht.

[64] Han: Soziologie der Migration (wie Anm. 25), S. 87.

[65] Vgl. ebd., S. 88.

[66] Vgl. Münz: Woher – Wohin? (Wie Anm. 22), S. 233.

[67] Vgl. ebd., S. 230. Potts legt ähnliche Zahlen vor: so habe der Anteil der Arbeitsmigranten an der Gesamtzahl der Beschäftigten im Jahr 1974 bei 10,9 % gelegen, vgl. Potts: Weltmarkt für Arbeitskraft (wie Anm. 12), S. 268.

[68] Dennoch stieg die Zahl der Zuwandernden weiter an, was Han mit „[...] der anhaltenden Zuwanderung der Familienangehörigen von Arbeitsmigranten, deutschstämmigen Aussiedlern und Asylsuchenden [...]" begründet (Han: Soziologie der Migration (wie Anm. 25), S. 2). Die in den 80er und 90er Jahren zuziehenden „Ost-West-Migranten" gehörten, so Münz (vgl. Münz: Woher – Wohin? (Wie Anm. 22), S. 226), überwiegend ethnischen oder religiösen Minderheiten an. So gestattete etwa die damalige Volksrepublik Rumänien Angehörigen der ethnischen Minderheit der Siebenbürger Sachsen die Ausreise in die BRD gegen ein festgesetztes Entgeld seitens der deutschen Bundesregierung. Diese Trends setzten sich nach dem Fall des Eisernen Vorhangs zunächst fort.

[69] Vgl. Becker: Der deutsche Traum (wie Anm. 5), S. 35.

Nach Angaben des Statistischen Bundesamtes wanderten im Vorjahr insgesamt 1.081.000 Personen neu zu.[70] Da die genaue Zahl der Arbeitsmigranten und -migrantinnen unter ihnen statistisch nicht erfassbar ist, kann hier nur mit einem Näherungswert gearbeitet werden. Angesichts der zuletzt ermittelten Arbeitslosenquote unter Ausländern von 16,4 %[71] lässt sich der Anteil erwerbstätiger Migranten auf 83,6 % beziffern. Demzufolge dürften ca. 900.000 der in 2012 Zugewanderten Arbeitsmigranten und Arbeitsmigrantinnen sein.

Die hier skizzierte neue Zuwanderungsphase ist deshalb mit derjenigen der 60er und 70er Jahre vergleichbar, da ihre Akteure und Akteurinnen zum Teil aus denselben (europäischen) Ländern zuwandern. So kommen die neuen Arbeitsmigranten und -migrantinnen aus Portugal, Spanien, Italien und Griechenland. Im Vergleich zur Gastarbeiterphase neue Herkunftsländer sind vormals sowjetisch regierte Staaten wie Ungarn, Bulgarien, Rumänien und Polen.[72]
Jedoch bleibt kritisch zu fragen, inwiefern für heutige Zuwandernde die Rede von „Arbeitsmigranten und -migratinnen" nicht zu kurz greift; ob dies nicht ein reduktionistischer Begriff ist, der die Hoffnungen, Ambitionen und Motivationen der Zuwandernden verkennt, indem er sie auf die Kategorie ihrer wirtschaftlichen Verwertbarkeit reduziert. Sind die Zuwandernden nicht auch Gesellschaftsmigranten, Kulturmigrantinnen und Bildungsmigranten, beziehungsweise -migrantinnen?

2.4 Migration von Frauen

„Immer mehr Frauen suchen weltweit fern ab der Heimat Arbeit [...] die Zahl der migrierenden Frauen steigt [...]"[73], behauptet Munk. Ähnliches ist von Schöttes und Treibel zu hören: „[...] Weltweit migrieren mehr Frauen als Männer [...]".[74]
Weil weibliche Migration – wie diese Aussagen zeigen – zunehmend eine Rolle spielt, werden dieser speziellen Form der (Arbeits-)Migration im Folgenden einige Gedanken gewidmet.
Franck und Spehar legen Zahlen vor, wonach gut die Hälfte der Migration weltweit weiblich ist.[75] Für den Untersuchungsgegenstand ist die Tatsache bedeutsam, dass nicht wenige Migrantinnen auch Mütter sind,[76] für die sich die Doppelbelastung Werktätigkeit - Reproduktionsarbeit unter dem Faktor Migration

[70] Vgl. CONRAD: Weiter hohe Zuwanderung nach Deutschland im Jahr 2012 (wie Anm. 7), vgl. S. 1 dieser Arbeit.

[71] Vgl. BUNDESREGIERUNG: Antwort der Bundesregierung auf die Kleine Anfrage der Abgeordneten Ulla Jelpke, Herbert Behrens, Sevim Dagdelen, weiterer Abgeordneter und der Fraktion DIE LINKE. Haltung der Bundesregierung zum Umgang mit EU-Bürgerinnen und EU-Bürgern aus Rumänien und Bulgarien, Drucksache 17/13322, Deutscher Bundestag. 17. Wahlperiode, 2013, S. 8.

[72] Vgl. BECKER: Der deutsche Traum (wie Anm. 5), S. 32.

[73] MUNK: Migration und Sexarbeit (wie Anm. 20), S. 55.

[74] Martina SCHÖTTES/Annette TREIBEL: Frauen – Flucht – Migration. Wanderungsmotive von Frauen und Aufnahmesituation in Deutschland, in: Ludger PRIES (Hrsg.): Transnationale Migration, 1. Aufl., Bd. 12 (Soziale Welt), Baden-Baden: NOMOS Verlagsgesellschaft, 1997, S. 85.

[75] Vgl. FRANCK/SPEHAR: Women's labour migration in the context of globalisation (wie Anm. 54), S. 11; vgl. dazu auch ROHR: Vorwort (wie Anm. 18), S. 12.

[76] Vgl. u.a. HONDAGNEU-SOTELO/AVILA: „I'm here, but I'm there" (wie Anm. 14).

zu einer Dreifachbelastung zu entwickeln scheint.[77]

Ähnlich wie Munk von einer „Feminisierung der Armut" berichtet,[78] spricht Han von einer „Feminisierung der Migration".[79] In seiner soziologischen Untersuchung zeigt er nachfolgend auf, dass weibliche Migration bis in die 80er Jahre des 20. Jahrhunderts hinein ein nicht näher untersuchtes Feld in der Migrationssoziologie darstellte. Das dem traditionellen Rollenverständnis entstammende Verständnis des Mannes als „Breadwinner" und der Frau als „Light of the house"[80] führte Han[81] zufolge auch unter Migrationsforschern zu der Ansicht, dass Frauen „[...] höchstens *nach* oder *mit* [...]"[82] wandern, wie es auch Schöttes/Treibel ansprechen. Frauen werden von der Fachwelt erst seit circa 30 Jahren als (auch) aktiv Migrierende wahrgenommen.[83]

Angesichts des im vorherigen Kapitel aufgezeigten Zusammenhangs von globalisiertem Kapitalismus und Migration ist bezüglich weiblicher Migration die Tatsache wichtig, dass mit der Kategorie Geschlecht – Han nennt Geschlecht gar das „zentrale [...] Strukturprinzip für die Migration der Frauen" –[84] ein weiterer Ungleichheitsfaktor relevant wird.
Specht weist zurecht darauf hin, dass neben den Chancen der sozialen und ökonomischen Mobilität von Frauen auch neue Formen von Ausbeutung, Missbrauch und Ausgrenzung Folgen ihrer Migration sein können.[85]
Wie die Untersuchungen von Hondagneu-Sotelo/Avila[86] und Parreñas[87] zeigen, wie aber auch Franck/Spehar[88] herausarbeiten, arbeiten Migrantinnen überwiegend im privaten Sektor. Außerdem üben sie – wenn sie im öffentlichen Sektor tätig sind – Berufe aus, die als typisch weibliche Berufe gelten:[89] Krankenschwestern etwa oder Altenpflegerinnen. Auch Sexarbeiterinnen haben überwiegend eine Migrationsgeschichte. Ob im öffentlichen oder privaten Sektor arbeitend, für Migrantinnen stellen sich die Arbeitsverhältnisse meist prekär(er) dar. Specht gibt an, was das bedeuten kann:

> „[...] Women migrant workers engage in a wide range of activities

[77] Lydia Potts spricht in ihrer Studie zum Weltmarkt für Arbeitskraft in ähnlicher Weise von einer Doppelebelastung für Frauen: diese komme durch Ausbeutung im Produktionsprozess und im Reproduktionsbereich zustande, vgl. Potts: Weltmarkt für Arbeitskraft (wie Anm. 12), S. 18.

[78] Munk: Migration und Sexarbeit (wie Anm. 20), S. 55.

[79] Petrus Han: Frauen und Migration. Strukturelle Bedingungen, Fakten und soziale Folgen der Frauenmigration, Stuttgart: Lucius & Lucius, 2003, S. 3, 9.

[80] Diese Begriffe stammen von Parreñas, vgl. Parreñas: Children of Global Migration (wie Anm. 15), S. 35.

[81] Han: Frauen und Migration (wie Anm. 79), S. 1.

[82] Schöttes/Treibel: Frauen – Flucht – Migration (wie Anm. 74), S. 85, Hervorhebung im Original.

[83] Ähnliches zeigt sich auch bei Potts, die 1988 keine Literatur zu Frauenmigration gefunden hat, vgl. Potts: Weltmarkt für Arbeitskraft (wie Anm. 12), 258f.

[84] Han: Frauen und Migration (wie Anm. 79), S. 4.

[85] Vgl. Specht: Foreword (wie Anm. 40), S. 3. Zur Ambivalenz von Statusverbesserung versus Statuserodierung vgl. auch Schöttes/Treibel: Frauen – Flucht – Migration (wie Anm. 74), S. 112.

[86] Vgl. Hondagneu-Sotelo/Avila: „I'm here, but I'm there" (wie Anm. 14).

[87] Vgl. Parreñas: Children of Global Migration (wie Anm. 15).

[88] Vgl. Specht: Foreword (wie Anm. 40).

[89] Zur geschlechtlichen Segregation von Arbeitsmärkten vgl. auch Lutz: Gender Mobil? (Wie Anm. 27), 11f in Anlehnung an Lenz et al..

> and at numerous skill levels, but, because of the gender division of labour, they are vastly over-represented in casual, temporary, subcontracted and informal employment. These jobs are caracterised by insecure conditions, low wages, poor working conditions and a lack of social protection [...]".[90]

Potts beschreibt die „[...] Arbeit von Frauen [...] im Rahmen des Weltmarktes für Arbeitskraft [...] als die niedrigst entlohnte überhaupt [...]".[91] Ihrer Meinung zufolge sei Geschlecht ein Kriterium für Diskriminierung und Unterdrückung, weswegen „[...] Arbeitsmigrantinnen ein in extremem Maße ausbeutbares Potential an Arbeitskraft [...]"[92] darstellten.

2.5 Zum aktuellen Stand der Migrationsforschung

„Gibt es eine neue Migration?"[93], fragt Pries. Es gibt wohl beides: eine neue Migration und eine neue Migrationsforschung. Wie schon angesprochen hat sich die soziologische Migrationsforschung – sie gibt es seit Anfang des 20. Jahrhunderts – vor drei Jahrzehnten einem neuen Feld zugewandt: der Migration der Frauen. Dabei zeigt sich: Migrationsforschung ist orientiert an den jeweils bedeutsamen Phänomenen und Themen aus dem Feld weltweiter Migration und entwickelt sich proportional zum Migrationsaufkommen, beziehungsweise der Bedeutung, die Wanderungsbewegungen beigemessen wird.

Aktuell gibt es in der Migrationsforschung zwei Lager: eine klassische Migrationsforschung, die staatlich finanziert und beauftragt ist, um den Staat bei seinem (restriktiven) Migrationsmanagement zu unterstützen, beziehungsweise ihm das Daten- und Wissensmaterial liefert, was er für seine Migrationspolitik verwendet. Kritiker behaupten, die Grenzkontrollen expandierten in dem Maße, wie die Migrationsforschung expandiere.
Auf der anderen Seite finden sich jene, die sich im Zuge einer *Kritischen Migrationsforschung* bewusst abzugrenzen versuchen von staatlichen Vereinnahmungs- oder Verzweckungsabsichten. Diese Migrationsforschung ist wesentlich jünger; man könnte sie als Reaktion auf erstgenannte Forschung begreifen.

Inhaltlich hat sich die heutige Migrationsforschung verabschiedet vom linearen Modell, wonach Migranten aus einem Land emigrieren, um in ein anderes zu immigrieren. Der Dualismus von Herkunfts- und Zuwanderungsland lässt sich angesichts zirkulärer und temporärer Migrationsströme nicht länger aufrechterhalten. Schließlich greift auch die monodimensionale Sicht, dass Menschen zu *einer* Ethnie oder *einer* Nation gehören, zu kurz.[94] Pries entwickelt die Theorie einer transnationalen Migration, deren Grundlage eine „[...] Neubestimmung

[90] Specht: Foreword (wie Anm. 40), S. 3.
[91] Potts: Weltmarkt für Arbeitskraft (wie Anm. 12), S. 260.
[92] Ebd., S. 261.
[93] Pries: Neue Migration im transnationalen Raum (wie Anm. 21), S. 15.
[94] Vgl. Lutz: Gender Mobil? (Wie Anm. 27), S. 13.

des Verhältnisses von geographischem und sozialem Raum [...]"[95] ist. Demnach können sich soziale Räume – wie etwa Familie oder Freundschaften – durch Wanderungsbewegungen im geografischen Raum *ausdehnen*.[96] Mit der Migration werden nach diesem Konzept soziale Interaktion und Beziehungen nicht beendet, sondern in neuer – transnationaler – Form fortgeführt.

[95] PRIES: Neue Migration im transnationalen Raum (wie Anm. 21), S. 16.
[96] Vgl. ebd., S. 17.

3 Transnationalität

Eine These könnte lauten: Transmigration ist eine Erfahrung, die jeder Mensch einmal oder mehrere Male in seinem Leben macht. Es ist das Ereignis, sich von einem Staat in einen anderen zu bewegen. Dadurch entsteht Transnationalität, eine Art transnationale Identität. Diese zeichnet sich nicht durch Grund, Art oder Ziel einer Wanderungsbewegung aus, sondern ist allein durch die Tatsache der räumlichen Bewegung zwischen Nationen konstituiert. In diesem allgemeinen Sinne ließen sich also Urlaubsflüge von Deutschland nach Spanien oder ERASMUS-Studienaufenthalte amerikanischer Studierender in Deutschland genauso als transnationale Aktivitäten verstehen, wie dies im Falle indischer Arbeitnehmer in England oder polnischer Haushaltshilfen in Deutschland möglich ist.

Seine (spezifische) Wirkung entfaltet der Begriff jedoch erst dann, wenn man als Bedingung für Transnationalität nicht nur angibt, dass mindestens zwei Staaten zur Identitätsbildung beitragen müssen, sondern auch festlegt, in welchem Umfang identitätsstiftende Ereignisse und Erlebnisse in diesen beiden Staaten geschehen müssen, um von einer dadurch entstandenen *transnationalen* Identität sprechen zu können. Für die vorliegende Untersuchung wird daher die Hypothese aufgestellt, dass eine Arbeitsstelle im Ausland einen transnationalitätsstiftenden Umstand bedeutet.

3.1 Begriff der Transnationalität

In der einschlägigen Forschung tauchen unter anderem die Begriffe des „transnationalen Raumes“[97], der „transnational migration“[98] oder der „transnational motherhood“[99] auf. Sie sind entwickelt worden, um im Rahmen sozialwissenschaftlicher Forschung ein Phänomen zu bezeichnen, was in oder zwischen zwei oder mehreren verschiedenen Ländern auftritt.

Der im Folgenden in einem erziehungswissenschaftlichen Forschungskontext gebrauchte Transnationalitätsbegriff stammt ursprünglich aus der politischen Ökonomie. Dort wird er für die Bezeichnung von Unternehmen verwendet, die in mehreren Staaten Produktionsstätten oder Tochterfirmen besitzen. So spricht beispielsweise Harvey in einem ökonomischen Kontext vom Auftreten „transnationaler Konzerne“.[100]

Eine erste Verwendung des Transnationalitätsbegriffs jenseits ökonomischer Argumentation taucht Glick Schiller et al. zufolge bei Sutton und Mackiesky-

[97] Vgl. LUTZ: Gender Mobil? (Wie Anm. 27).

[98] Vgl. SCHILLER/BASCH/BLANC: From Immigrant to Transmigrant (wie Anm. 33).

[99] Vgl. HONDAGNEU-SOTELO/AVILA: „I'm here, but I'm there“ (wie Anm. 14), auch Nausikaa SCHIRILLA: Transnationale Mutterschaft aus Osteuropa und die psychosozialen Folgen für zurückgelassene Kinder, Vortrag, Tagung „Transnationale Kindheit und die psychosozialen Folgen globaler Migration“ in Marburg, 2012.

[100] David HARVEY: Der „neue“ Imperialismus: Akkumulation durch Enteignung, in: Sozialismus 2003, S. 1–32, hier S. 24.

Barrow Anfang der 90er Jahre auf. Sie gehörten zu jenen amerikanischen Wissenschaftlern, die im Zuge der Entwicklung einer „neuen transnationalen Anthropologie“ von einem „transnational socio-cultural and political system“[101] sprächen. Damit bezeichneten sie das wechselseitige Verflochtensein von Geschehnissen und Erlebnissen von Migranten und Migrantinnen mit ihren Heimatorten.

Der Soziologe Pries ist einer der ersten Sozialwissenschaftler hierzulande, der in Bezug auf Migrationsbewegungen das Konzept der Transnationalität einführt. So beobachtet er 1997, „[...] daß sich die Voraussetzungen, Formen und Folgen internationaler Migration gegenwärtig in einem *qualitativen* Umbruch befinden [...]“[102] und erläutert:

> „[...] Neben die bisher dominierende Form von *internationaler* Migration im Sinne eines unidirektionalen und einmaligen Wohnortwechsels von einem Land in ein anderes tritt immer stärker eine Form von *transnationaler* Migration, bei der sich die Lebenspraxis und die Lebensprojekte der ‚Transmigranten‘, also ihre ‚sozialen Räume‘, zwischen verschiedenen Wohnorten, bzw. ‚geographischen Räumen‘ aufspannen [...]“.[103]

Transnationalität ist als Eigenschaft von Migration nach Pries’ Lesart in gewissem Sinne das Gegenteil von Internationalität. Das zeigt die Notwendigkeit einer klaren Abgrenzung dieser beiden Begriffe.

So bedeutet das lateinische „inter“ soviel wie „inmitten“, „zwischen“ oder „unter“.[104] Demnach bezeichnet das Adjektiv „inter-national“ etwas, was sich zwischen Nationen abspielt. Der Duden beschreibt „international“ als „den Verkehr der Völker untereinander betreffend : über die Grenzen der Nation hinausgehend : bei allen Völkern üblich, gültig“.[105] Zusammengefasst bezeichnet internationale Migration in diesem Sinne eine Wanderung *zwischen* Nationalstaaten. Dabei liegt der Akzent auf der Dynamik und Richtung dieser Wanderung; sie wird von einer Metaperspektive aus betrachtet.
Das Adjektiv „transnational“ wird mit der lateinischen Vorsilbe „trans“ gebildet, die in etwa „über“, „über...hin“ oder „über...hinaus“[106] bedeutet. Dementsprechend übersetzt der Duden „transnational“ auch mit „übernational“.[107] Bei einer transnationalen Migration soll mehr das Wie dieser Migrationsbewegung – nämlich Grenzen *über*schreitend – als ihr Woher oder Wohin sprachlich gefasst

[101] SCHILLER/BASCH/BLANC: From Immigrant to Transmigrant (wie Anm. 33).

[102] PRIES: Neue Migration im transnationalen Raum (wie Anm. 21), S. 16, Hervorherbung im Original.

[103] Ebd., S. 16.

[104] HAU: PONS Wörterbuch für Schule und Studium Latein – Deutsch (wie Anm. 23), S. 464.

[105] Friedemann BEDÜRFTIG: Die aktuelle deutsche Rechtschreibung von A-Z. Ein umfassendes Nachschlagewerk des deutschen und eingedeutschten Sprachschatzes, Köln: Naumann & Göbel Verlagsgesellschaft mbH, 1996, S. 454.

[106] HAU: PONS Wörterbuch für Schule und Studium Latein – Deutsch (wie Anm. 23), S. 932.

[107] BEDÜRFTIG: Die aktuelle deutsche Rechtschreibung von A-Z. Ein umfassendes Nachschlagewerk des deutschen und eingedeutschten Sprachschatzes (wie Anm. 105), S. 924.

werden. Von einer Innenperspektive des Nationalstaates aus wird auf diejenigen „Trans-"Migranten geschaut, die „über" die Landesgrenzen hinauswandern.

In einem etwas weiteren Sinne wird im Rahmen dieser Arbeit Migration als *international* verstanden, wenn sie als globales Phänomen beschrieben ist. *Transnationale* Migration hingegen wird im Folgenden ähnlich wie von Pries unter dem Sozialraumparadigma[108] gedacht. Transnationalität ist demnach eine Eigenschaft sozialer Räume, die – wie etwa die Familie – auch vor der Migration schon da waren, aber durch die Migration ihre Gestalt(ung) verändern oder verändert haben.
Dadurch wird das Phänomen transnationaler Migration auch als gleichzeitig internationale Erscheinung greifbar.

3.2 Transnationale Familien

Familien, deren Strukturen sich über Ländergrenzen hinweg ausdehnen, können als transnationale Familien beschrieben werden. Ähnlich wie oben benannte transnationale Firmen verdankt sich die transnationale Familie der Globalisierung von Wirtschaft und Gesellschaft. Vorbereitend auf die Untersuchungen im 4. Kapitel wird im Folgenden allgemein dargestellt, was Familien mit migrierten Mitgliedern ausmacht oder ausmachen kann.

3.2.1 Eine neue Form von Familie? Diskussion und Definition

Transnationale Familien gehören zum Definiens von Transnationalität. Von einer transnationalen Identität kann dann gesprochen werden, wenn der Migrant/die Migrantin durch die Wanderung auf Zeit eine neue Form von Familie etabliert. Transnationalität entsteht dadurch, dass die vormals an einem Ort gelebten familiären Beziehungen nun über Ländergrenzen hinweg aufrechterhalten werden. Glick-Schiller et al. definieren transnationale Migration deshalb als „[...] the process by which immigrants forge and sustain simultaneous multi-stranded social relations that link together their societies of origin and settlement [...]". [109]

Wie aber sind transnationale Familien zu beschreiben? Wie lassen sie sich verstehen? Was bedeutet es, in einer Familie mit transnationalem Charakter aufzuwachsen?

Familien, deren Mitglieder migriert sind oder migrieren, sind Gemeinschaftsformen, die sich vom klassischen Familienbild in ähnlicher Weise unterscheiden, wie Familien mit Alleinerziehenden, Familien mit homosexuellen Elternpaaren und sogenannte Patchwork-Familien. Daher ist für die Betrachtung transnationaler Familien die Beobachtung von Hamburger und Hummrich wichtig, wonach

[108] Vgl. Pries: Neue Migration im transnationalen Raum (wie Anm. 21), aufgenommen u.a. von Hamburger/Hummrich, vgl. Hamburger/Hummrich: Familie und Migration (wie Anm. 19), S. 115.

[109] Schiller/Basch/Blanc: From Immigrant to Transmigrant (wie Anm. 33), S. 121.

„Familie [...] im pädagogischen und politischen Diskurs ein normativ aufgeladenes Symbol [...]“[110] sei. Die Norm für Familie entspricht nach wie vor dem bürgerlichen Familienbild mit einem Versorger, einer Hausfrau und Kindern. Daran wird familiäres Dasein gemessen.[111] Es gilt, diese Norm aufzubrechen, um neuen Formen von Familie würdigen zu können.

Transnationale Familien sind zuerst Familien. Sie sind Gemeinschaften, in denen sich Menschen, die miteinander verpartnert sind, um ihren Nachwuchs kümmern. Dabei öffnet sich ein weites Feld, wie genau die Familie gestaltet sein kann. Männer und Frauen, die miteinander verheiratet sind und/oder solche, die es nicht sind, sorgen für Kinder, die ihre eigenen oder zum Teil auch Kinder einer vorherigen Beziehung sein können. Sie sorgen möglicherweise aber auch für ihre eigenen Eltern, ihre Geschwister, deren Kinder oder weitere Verwandte. Transnationale Familien sind Familien, in denen ein hohes Maß an Organisation notwendig ist. Soziale und emotionale Bedürfnisse können aufgrund der räumlichen Trennung einiger Teile der Familie nicht spontan ausgelebt oder gestillt werden, sie müssen verabredet werden.

Die Mitglieder transnationaler Familien sind auf technische Hilfsmittel angewiesen, um kommunizieren zu können. Dabei ist die Familie geteilt in zwei (oder mehr) Lager: diejenigen, die in der Heimat sind, und diejenigen, die im Ausland sind. In ihren jeweiligen Räumen können die Familienmitglieder überwiegend spontan interagieren, zwischen den Räumen ist dies nicht möglich. Via Telefon oder Skype müssen Verbindungen aufgebaut werden, zeitlich versetzt kann über Email kommuniziert werden. Diese Teilung der Familie in zwei (oder mehr) Lager ist aber eine zeitweilige. Kommt der migrierte Elternteil zu Besuch, werden alle technischen und organisatorischen Notwendigkeiten obsolet.

Daran anknüpfend soll die Perspektive von Phoenix referiert werden. Sie versucht die transnationale Familie in ihrer Komplexität zu fassen, indem sie darauf aufmerksam macht, welche wechselseitigen Austauschbeziehungen bestehen. Familien mit migrierten Angehörigen seien „[...] emotional, kognitiv und finanziell kostspielig [...]“.[112] Es sei ein permanentes Aushandeln des Verhältnisses von „[...] emotionalen, materiellen und finanziellen Gütern [...]“[113] notwendig. Obgleich der Begriff der „emotionalen Güter“ zu kritisieren ist, benennt Phoenix die wichtigsten Merkmale transnationalen Familienlebens. Dies sind gleichzeitig die größten Herausforderungen einer solchen Familie.

---

[110] Hamburger/Hummrich: Familie und Migration (wie Anm. 19), S. 112.

[111] So hat etwa Parreñas auf den Philippinen die Beobachtung gemacht, dass transnationale Familien auch deswegen gesellschaftlich marginalisiert werden, da sie das traditionelle Familienbild mit dem Mann als „Breadwinner“ und der Frau als „Light of the house“ zuweilen hinterfragen (Vgl. Parreñas: Children of Global Migration (wie Anm. 15), S. 35). Parreñas beleuchtet bei ihrer Forschung noch stärker den Gender-Aspekt; dies kann im Rahmen dieser Arbeit nicht geleistet werden, obgleich eine Gender-Perspektive auch hier zu diskutieren wäre.

[112] Ann Phoenix: Idealisierung emotionaler Bindung oder materielle Versorgung? Transnationale Mutterschaft und Kettenmigration, in: Helma Lutz (Hrsg.): Gender Mobil? Geschlecht und Migration in transnationalen Räumen, 1. Aufl., Münster: Verlag Westfälisches Dampfboot, 2009, S. 86–101, hier S. 86.

[113] Ebd.

Abschließend stellt sich die Frage, ob eine Familie nur dann als transnational zu bezeichnen ist, wenn sich *aktuell* ein oder mehrere Mitglieder im Ausland befinden, oder ob sie *ab* dem Moment der Migration einiger ihrer Angehörigen als transnationale Familie gilt – unabhängig davon, wo diese sich aktuell aufhalten. Angesichts der Fülle an Kurzzeitmigrationen[114] plädiere ich für letzteren Begriff. Er verhindert eine verengte Sicht und nimmt die Tatsache ernst, dass die Folgen der Migration auch dann evident sein können, wenn die Wanderung gerade nicht oder nicht mehr stattfindet.

3.2.2 Stand der Forschung

Hamburger und Hummrich merken 2007 an, dass „[...] Studien zum Zusammenhang von Familie und Migration einen eher singulären Status [...]" hätten.[115] Wie die Migrationsforschung allgemein relativ spät transnationale Realitäten berücksichtigt hat, so kann dies im Besonderen für *Familien* im Transmigrationsprozess gelten. Die sogenannte „Gastarbeiterforschung" der 60er und 70er Jahre des 20. Jahrhunderts hatte die Familien der Gastarbeiter in ihren Herkunftsländern ebenso wenig in den Blick genommen wie die Frage, wie sich familiäre Beziehungen über Ländergrenzen hinweg gestalten. Familien, so die Lehrmeinung, wurden nachgeholt oder neu gegründet.[116]

Heute ist die Frage, wie sich transnationale Familien organisieren, was sie ausmacht und wie verbreitet sie sind, mehr in den Fokus von Forschern und Forscherinnen gerückt. Dabei spielen zunehmend auch genderkritische Perspektiven eine Rolle.[117] In der „care chain"-Debatte wird nach der Transferierbarkeit von emotionaler Zuwendung über Länder- und Schichtgrenzen hinweg gefragt, wobei die Etablierung neuer Möglichkeitsräume für Elternschaft ein wichtiges Anliegen ist.[118]

Inwiefern geschieht aber in der sozialwissenschaftlichen Migrationsforschung mit der Fokussierung auf Kinder und auf trans- oder emigrierende Eltern nicht eine Engführung? Inwieweit kommen weitere Aspekte des Phänomens Familie und Migration zu kurz? Die in Dorohoi interviewte Soziologin Popa beispielsweise weißt darauf hin, dass Forschung zu *zurückgekehrten* Eltern (der Wiederanpassung der Eltern an die Kinder und umgekehrt) nahezu gänzlich fehle.[119] Auch bietet die Tatsache, dass sich das Nachholen der Kinder als neuerliche Form von Familienzusammenführung als neue Migrationsart zu etablieren scheint, Anlass

[114] Vgl. S. 41 in dieser Arbeit.

[115] HAMBURGER/HUMMRICH: Familie und Migration (wie Anm. 19), S. 127.

[116] Vgl. MÜNZ: Woher – Wohin? (Wie Anm. 22), S. 228.

[117] Vgl. u.a. PARREÑAS: Children of Global Migration (wie Anm. 15) und LUTZ: Gender Mobil? (Wie Anm. 27).

[118] Vgl. u.a. HONDAGNEU-SOTELO/AVILA: „I'm here, but I'm there" (wie Anm. 14), Arlie Russel HOCHSCHILD: The Nanny Chain, in: American Prospect 11.4 (2000), S. 32–36 und Elisabeth ROHR/Elin RAU: Transnationale Kindheit und die „care chain"-Debatte, in: Carmen BRIKLE (Hrsg.): Emanzipation und feministische Politiken. Verwicklungen, Verwerfungen, Verwandlungen, Reihe, 4. Aufl., Sulzbach/ Taunus: Ulrike Helmer Verlag, 2012.

[119] Vgl. Silvia POPA/Constantin MITROFAN: Kinder und Familien in Dorohoi, wo Eltern (-teile) im Ausland arbeiten, als Adressaten des Tageszentrums „Jurjac", Interview, 2013, 19f.

zu weiteren Untersuchungen. Möglicherweise ist die „transnationale Familie" eine *Phase* im Leben einer Familie, die entweder in einer neuen oder der alten Heimat wieder zusammenleben wird oder aber die zerbricht.[120] Die Bedeutung von Scheidung für Migration und umgekehrt kann zu einem weiteren Untersuchungsgegenstand in der Transnationalitätsforschung werden.

---

[120] So merken Hamburger/Hummrich in Anlehnung an Heinz 2000 an: „[...] Die Frage, ob der Migrationsprozess chancenhaft oder riskant für eine Familie verläuft, hängt nicht nur von der Bewältigung psychosozialer Aufgaben ab, sondern auch davon, ob es einer Familie gelingt, sich zu reorganisieren, oder ob die Tendenz zur Auflösung besteht [...]" (Hamburger/Hummrich: Familie und Migration (wie Anm. 19), S. 119).

4 Transnationale Familien in Rumänien

Rumänien ist keine 2.000 Kilometer von Deutschland entfernt. Dennoch stellt es hierzulande für Viele ein unbekanntes Terrain dar.
Für den Reisenden wie für die Forschende wird schnell klar, dass Rumänien ein Land am Rande Europas ist. Derjenige, der den Kontakt zu diesem Land sucht, stößt auf unsichtbare Wände.[121] Dass Rumänien im westlichen Europa kaum wahrgenommen, beziehungsweise in Forschungsvorhaben oder statistische Erhebungen einbezogen wird, zeigt sich in vielerlei Hinsicht.[122]

So ist auch zu transnationalen Verflechtungen und Bewegungen in, aus und nach Rumänien im gesamteuropäischen Kontext kaum geforscht. Die vielfältigen Untersuchungen, die im Land selbst bereits vorliegen, werden selten im internationalen Migrationsdiskurs berücksichtigt.

Forschende über Rumänien sollten sich ihrer eigenen, möglicherweise privilegierten und vor allem westlich geprägten Position bewusst sein. Welche Vorurteile verhindern einen objektiven Blick? Welche Ängste werden aktiviert? Wie kann real die Möglichkeit bestehen, als eine Fremde Wissen zu produzieren, was dem ihr fremd gebliebenen und bleibenden Land Rumänien dient, während es einen bescheidenen Beitrag zum deutschen Migrationsdiskurs darstellt?

4.1 Rumänien – politische, wirtschaftliche und gesellschaftliche Dimensionen

Wenn davon ausgegangen werden kann, dass Migration mitverursacht ist durch die Rahmenbedingungen und Entwicklungschancen, die ein Staat seiner Bevölkerung bieten oder nicht bieten kann, dann ist für die nachfolgende Frage – wie Kinder und Jugendliche in Rumänien leben, deren Eltern im Ausland arbeiten – wichtig, welche Lebens- und Arbeitsbedingungen Rumänien bietet.

Die politischen, wirtschaftlichen und gesellschaftlichen Dimensionen lassen sich mit einer historischen Analyse erfassen. Dieser Arbeit liegt die These zugrunde, dass für die aktuellen Phasen und Formen der Arbeits(e)migration aus Rumänien besonders die Entwicklungen nach 1989 von Bedeutung sind. Daher setzt die folgende historische Skizze bei der Wende von 1989/90 an. Damit sollen jedoch

[121] Das beginnt für den Zugreisenden nach Rumänien damit, dass westliche Buchungssysteme nur Tickets bis an die ungarisch-rumänische Grenze ausstellen können. Für das rumänische Buchungssystem gilt Ähnliches.

[122] Ein erstes Beispiel ist die populärwissenschaftliche Schrift von Badinter zur Mutterschaft. Sie enthält auch europäische Zahlen. Tabellen und Grafiken, die beanspruchen, *europäische* Phänomene darzustellen, enthalten aber nur in einem von sechs Fällen auch Daten über Rumänien, vgl. Elisabeth BADINTER: Der Konflikt. Die Frau und die Mutter, München: Deutscher Taschenbuch Verlag, 2010, 30f, 99f, 105.
Ein weiteres Beispiel ist die Untersuchung von Geißler (vgl. Seite 22 in dieser Arbeit). Er legitimiert seine Entscheidung, den Transformationsprozess lediglich in Polen, Ungarn und der ehemaligen Tschechoslowakei zu untersuchen, auch damit, dass diese „[...] die erstassoziierten ehemaligen kommunistischen Staaten [...]“ seien (Frank GEISSLER: Transformation und Kooperation. Die ostmitteleuropäischen Systemumbrüche als kooperationspolitische Herausforderung der EG, 1. Aufl., Baden-Baden: Nomos Verlagsgesellschaft, 1995, S. 15). Dass der Transformationsprozess in Rumänien noch nicht so weit fortgeschritten sei, wie er 1995 schreibt, deutet ebenfalls auf die marginale Lage des Landes hin.

nicht die Tatsachen unterschlagen werden, dass Migration nach, in und aus Rumänien geschichtlich viel früher begann[123] und stets sowohl Aus-, als auch Ein- und Binnenwanderungen[124] auftraten.

4.1.1 Von der Wende 1989/90 bis zur Jahrtausendwende

Die politische Wende in Rumänien war durch den Zusammenbruch der Sowjetunion bedingt. „[...] Nahezu vollständig isoliert von der Außenwelt und überwacht durch eine halbe Million Spitzel im Sold des Geheimdienstes Securitate, ausgezehrt vom stundenlangen Schlangestehen und Überwintern in eisigen Wohnungen, hatte das Volk sich gegen den Diktator erhoben [...]“; so beschreiben Ihlau und Mayr die rumänische Wende.[125] Mit der Erschießung des Diktatorenehepaars Nicolae und Elena Ceauşescu endete am 25.12.1989[126] ein System, dessen Bilanz ein wirtschaftlich, politisch und gesellschaftlich stark geschwächtes Land war.

Geißler[127] hat Mitte der 90er Jahre eine Studie zu den ostmitteleuropäischen[128] Systemumbrüchen vorgelegt, deren Ergebnisse auch zur Erhellung der rumänischen Ausgangssituation dienen können. Ihm zufolge, stellten die Systemumbrüche im östlichen Europa einen historisch singulären Prozess dar. Sein Spezifikum leite sich ab aus dem „[...] hochkomplexen Problem demokratische Institutionen zu schaffen [...] [in Kombination mit der, J.V.] Parallelität ökonomischer, sozialer, mentaler und habitueller Umbrüche [...]“.[129]
Bereits für die ersten Jahre nach der Wende stellt Geißler fest: „[...] Hohe Arbeitslosigkeit sowie ein substantieller Rückgang des Bruttoinlandsproduktes und damit der Realeinkommen breiter Bevölkerungsschichten kennzeichnen die Transformationssituation [...]“.[130] Inwiefern handelt es sich hier um direkte oder indirekte Ursachen der (heutigen) Trans- oder Emigration?

Ein in Dorohoi interviewter Psychologe sieht Arbeitslosigkeit als Ursache von

---

[123] Horváth nennt in Anlehnung an Varga etwa die Auswanderungswellen aus Osteuropa im späten 19. und frühen 20. Jahrhundert, vgl. István Horváth: Rumänien, in: Focus Migration 9 (2007), S. 1–10, URL: `http://focus-migration.hwwi.de/typo3_upload/groups/3/focus_Migration_Publikationen/Laenderprofile/LP_09_Rumaenien.pdf`, 1f (letzter Zugriff am 16.06.2013).

[124] So kam es etwa im Gefolge des Ersten Weltkrieges zu starken politisch und/oder ethnisch bedingten Binnenmigrationen, die besonders die Minderheiten der Ungarn, Deutschen und Juden betrafen (vgl. ebd., S. 2); Zuwanderungen – etwa aus der Türkei, dem Nahen Osten, Afrika oder China – sind unter anderem seit Mitte der 90er Jahre ein Phänomen mit wachsender Bedeutung (vgl. dazu ebd., S. 4, Ovidiu Tudorescu: Kinder und Familien in Dorohoi, wo Eltern(-teile) im Ausland arbeiten. Teil 2, Interview, 2013, S. 13-17 oder Silviu Mihai: Gastarbeiter in der Walachei, in: Der Freitag. Politik 2012, URL: `http://www.freitag.de/autoren/der-freitag/gastarbeiter-in-der-walachei` (letzter Zugriff am 16.10.2012).).

[125] Olaf Ihlau/Walter Mayr: Minenfeld Balkan. Der unruhige Hinterhof Europas, München: Siedler Verlag, 2009, S. 251–266, hier S. 251.

[126] Ihlau/Mayr zufolge ist bis heute ungeklärt, was im Dezember 1989 wirklich in Rumänien passierte, vgl. ebd., S. 262.

[127] Vgl. Geissler: Transformation und Kooperation (wie Anm. 122), diese Untersuchung zielt insgesamt auf die Formulierung von Vorschlägen für kooperationspolitische Initiativen der (ehemaligen) EG ab.

[128] Die Staaten Ungarn, Polen und CSFR betreffend, vgl. u.a. ebd., S. 45-61.

[129] Ebd., S. 30.

[130] Ebd., S. 85.

Arbeitsmigration an. Nach den Gründen gefragt, bringt er die politische und ökonomische Gestaltung der Wende zur Sprache:

> *„[...] Was hat das bedeutet? Die Auflösung vieler Arbeitsplätze, die Reduktion der Aktivitäten parallel zur Technologisierung [...] den Verlust vieler Märkte.*[131] *Wir hatten den Markt Russlands, der ehemaligen UdSSR, den Markt der arabischen Staaten, Afrikas, welche sich stark verringert haben [...] Da keine Kunden mehr existierten, haben sich die Einnahmen der Märkte stark reduziert bis zu ihrer Auflösung. Und es gingen viele Arbeitsplätze verloren [...]".* [132]

Wie gravierend sich der Verlust von Arbeitsplätzen durch den fast vollständigen Zusammenbruch der Industrie darstellt, zeigen Zahlen, die Mappes-Niediek im Rahmen eines Vortrages vorlegt. Demnach habe es 1990 in Rumänien 8,4 Millionen Arbeitsplätze gegeben, 2013 seien nur noch 4 Millionen Stellen vorhanden.[133]

Der Klausenburger Professor Horváth, der den Transformationsprozess als einen länger dauernden betrachtet,[134] stellt 2007 mit Blick auf die Thematik Migration fest:

> „[...] Die langsame und für die Gesellschaft belastende Umwandlung der zentral gesteuerten Planwirtschaft in eine effektiv funktionierende Marktwirtschaft während der letzten eineinhalb Jahrzehnte gab zahlreichen Rumänen neuerlich Anlass, Beschäftigung im Ausland zu suchen: Die wirtschaftliche Umstellung verursachte einen drastischen und *anhaltenden* Stellenabbau auf dem heimischen Arbeitsmarkt und mindestens zwei Millionen Rumänen wanderten daraufhin ins Ausland aus [...]".[135]

Interessant ist, dass in seiner Darstellung die Arbeitslosigkeit als so logische Folge der Deindustrialisierung und als so selbstverständliche Ursache von Arbeitswanderung ins Ausland verstanden wird, dass sie nicht einmal mehr namentlich erwähnt wird. Darüber hinaus ist seine Beobachtung eines *anhaltenden*

---

[131] Zum Verlust vieler Märkte vgl. auch Valentina VASILE: Romania: Restrictive wage policies alongside poor crisis management, in: International Labour ORGANIZATION (Hrsg.): The impact of the Crisis on Wages in South-East Europe, Schmidt, Verena und Vaughan-Whitehead, Daniel, 2011, S. 221–263, URL: http://www.ilo.org/wcmsp5/groups/public/---europe/---ro-geneva/---sro-budapest/documents/publication/wcms_172434.pdf, hier S. 222 (letzter Zugriff am 17.06.2013).

[132] Ovidiu TUDORESCU: Kinder und Familien in Dorohoi, wo Eltern(-teile) im Ausland arbeiten. Teil 1, Interview, 2013, S. 28-31.

[133] Vgl. MAPPES-NIEDIEK: Die Situation der Roma in Südosteuropa als gesamteuropäische Herausforderung (wie Anm. 10), Vasile gibt für das Jahr 1990 ein Arbeitskräftevolumen von circa 7,6 Millionen an, dagegen gebe es 2000 nur noch 4,6 Millionen Stellen (VASILE: Romania (wie Anm. 131), S. 223).
Etwas ältere Zahlen, die aber ebenfalls mit denjenigen Mappes-Niedieks vergleichbar sind, stammen von Horváth, der von 3,5 Millionen abgebauter Stellen seit 1990 spricht (in der Industrie habe sich dabei die Zahl der Arbeitsplätze halbiert) (vgl. HORVÁTH: Rumänien (wie Anm. 123) .

[134] So habe die Umstellung und Neustrukturierung der rumänischen Wirtschaft ungefähr von 1990 bis 2002 angedauert, vgl. ebd., S. 3.

[135] ebd., S. 1, Hervorhebung durch die Autorin.

Stellenabbaus wichtig, insofern dieser auch zwei Jahrzehnte nach der Wende mitverantwortlich für Arbeitslosigkeit sein kann.

Gesellschaftlich hatte die Wende jedoch auch eine Auswirkung, die weitestgehend unbekannt ist. Da sie für die hier behandelte Thematik von Familien im Migrationsprozess relevant ist, muss sie angesprochen werden.
Mit dem Zusammenbruch von Industrie und dem Wegfall von Arbeitsplätzen, mit den vielfältigen Transformationserscheinungen seien in Rumänien nach 1990 auch alle sozialen Sicherungssysteme und sozialen Netzwerke zusammengebrochen. „[...] was blieb, war da die Familie [...]“ beobachtet Mappes-Niediek, der die Revitalisierung von Gebräuchen und Traditionen von dem Bestreben geleitet sieht, die Familie (wieder) „[...] zu einer festen Solidargemeinschaft zusammenzuschmieden [...]“.[136]
Anders nuanciert thematisiert auch Geißler die Familie als in ihrer Bedeutung gewachsen, wenn er sagt:

> „[...] Aus der Sphäre der mit negativen Konnotationen versehenen öffentlichen Institutionen zogen sich die Individuen zurück, um in einem sozialen Mikrokosmos aus Familie und Freundeskreis nach teilweise radikal entgegengesetzten Wertesystemen leben zu können [...]“.[137]

Man könnte von einem rumänischen Biedermeier[138] sprechen.
Die Bedeutung der rumänischen Wende für Trans- oder Emigrationen lässt sich zusammengefasst so verstehen: Überwiegend verursachten die wirtschaftlichen Umbrüche der Wendejahre einen Zusammenbruch der rumänischen Industrie, in dessen Folge viele Menschen arbeitslos wurden. Die Arbeit im Ausland nahmen und nehmen sie als Strategie wahr, um ihre Familien zu ernähren.

4.1.2 Von der Jahrtausendwende bis zur EU-Mitgliedschaft 2007

Wirtschaftlich begann im neuen Jahrtausend in Rumänien eine Phase des Wachstums. Bedingt durch eine Politik, die Arbeitsplätze schuf, die den Wettbewerb förderte und Maßnahmen gegen illegale Beschäftigung ergriff, hatte sich die Marktwirtschaft stabilisiert. Der „Global Competitiveness Index“ diagnostizierte in einem Report für die ersten Jahre des neuen Jahrtausends: „[...] the Government is going througt a transition from a focus on efficiency to an innovation-driven development model [...]“.[139]

Zu den politischen Hauptzielen können für die Phase im Vorfeld des EU-Beitritts die Korruptionsbekämpfung und die Eindämmung der Inflation gezählt werden.

---

[136] Mappes-Niediek: Die Situation der Roma in Südosteuropa als gesamteuropäische Herausforderung (wie Anm. 10).

[137] Geissler: Transformation und Kooperation (wie Anm. 122), S. 65.

[138] Insofern es für politische Umbruchphasen den Rückzug ins familiäre Umfeld meint.

[139] Vasile: Romania (wie Anm. 131), S. 221.

Letzterem Ziel versuchte die Regierung unter anderem mit einer Währungsreform im Jahre 2004 näherzukommen.[140] Die von Vasile präsentierten Zahlen lassen ein Absinken der Inflationsrate von 34,5 % im Jahr 2001 auf 4,8 % im Jahr 2007 erkennen. Der Anstieg der Lebenshaltungskosten hat sich also im beobachteten Zeitraum um knapp 30 Prozent-Punkte verlangsamt.[141]
Ab 2002 wuchs außerdem die Beschäftigungsquote an, wie das rumänische nationale Statistikamt bekannt gibt. So stieg die Anzahl der Arbeitsplätze zwischen 2001 und 2007 um mehr als 5 % .[142] Das Wachstum der Netto-Löhne setzte sich in der Phase von 2000 bis 2007 ebenfalls fort. 2007 war der Durchschnittslohn mehr als fünf mal so hoch wie im Jahr 2000.[143]

Insgesamt kann die Phase bis 2007 als bereits stark vom EU-Beitritts-Vorhaben gekennzeichnet gelten. Rumänien unternahm größte Anstrengungen, um die Auflagen aus Brüssel zu erfüllen. Diese Politik wirkte sich stabilisierend auf Wirtschaft und Gesellschaft aus.

4.1.3 Rumänien von 2007 bis heute

Rumänien sei „[...] nach Jahrhunderten der Knechtschaft unter wechselndem Joch, nach gewaltsamen Grenzverschiebungen und Völkervertreibung, autokratischer Monarchie und kommunistischer Diktatur inzwischen Mitglied in Nato wie EU [...]“[144], jubeln Ihlau und Mayr. Welche Veränderungen aber brachte die EU-Mitgliedschaft mit sich? Welche Chancen bietet sie, welche Schwierigkeiten treten auf? Die Rolle, die der EU-Beitritt für Rumänien spielt, ist schwer überblickbar. Im Rahmen dieser Arbeit lässt sich nur sehr themengebunden erörtern, was die neue politische Situation für Rumänien auch gesellschaftlich und wirtschaftlich bedeutet.

Zunächst einmal spülte die EU viel Geld nach Rumänien. Regionale Strukturförderung ist eine Form EU-subventionierter Projekte im Land. Zur Illustration ziehe ich ein Beispiel aus Dorohoi heran, wo zum 01.06. diesen Jahres ein Tageszentrum für Kinder mit Behinderungen eröffnet wurde.[145] Das Bauprojekt für dieses Zentrum umfasst Mittel im Wert von circa 1,5 Millionen RON; die EU kofinanziert den Bau mit ungefähr 0,9 Millionen RON.[146]

[140] Dabei wurden 1.000.000 Lei durch Streichung von vier Nullen zu 100 RON (Romanian New Lei).

[141] Ein besonderer Einfluss der Währungsreform ist jedoch anhand dieser Zahlen nicht feststellbar.

[142] Diese Werte sind ermittelt anhand des Januar-Wertes des jeweiligen Jahres, vgl. Ministerul Muncii, Familiei, Protecţiei Sociale şi Persoanelor Vârstnice: Statistics. Number of employees, 2011–2012, Tabelle, 2013, url: `http://sas.mmssf.ro/nou/index.php/en/services/statistics/statistic-data` (letzter Zugriff am 26.06.2013).

[143] Diese Werte sind ebenfalls ermittelt anhand des Januar-Wertes des jeweiligen Jahres, vgl. National Institute of Statistics: Câştiguri salariale 1991–2013, 2013, url: `http://www.insse.ro/cms/rw/pages/castiguri91-2013.ro.do` (letzter Zugriff am 26.06.2013).

[144] Ihlau/Mayr: Minenfeld Balkan (wie Anm. 125), S. 253.

[145] Vgl. Popa/Mitrofan: Kinder und Familien in Dorohoi, wo Eltern(-teile) im Ausland arbeiten (wie Anm. 119), S. 17-19, vgl. auch Abbildung 8 im Anhang, S. I in dieser Arbeit.

[146] Vgl. Abbildung 9 im Anhang, S. II in dieser Arbeit.

Eine Veränderung, die vielerorts dem EU-Beitritt Rumäniens zugeschrieben wird, ist die Emigration breiter Bevölkerungsteile ins europäische Ausland, hauptsächlich zu Arbeitszwecken. Gab es nach dem 01.01.2007 einen signifikanten Anstieg der Trans- oder Emigrationen aus Rumänien? Zahlen wie die folgenden scheinen diese Vermutung zunächst zu stützen.

> „[...] Focusing on the working age population, the outflow of Romanian citizens to other EU Member States since accession amounts to about 3.1 % of the Romanian working age population [...]".[147]

Die Europäische Kommission hat diese Zahlen 2011 vorgelegt. Sie weist jedoch darauf hin, dass auch *vor* dem EU-Beitritt der Anteil von rumänischen Arbeitsmigranten und -migrantinnen (besonders seit 2004) vergleichsweise hoch war.[148] Die hohe Abwanderungsrate ist also nicht als direkte Folge des EU-Beitritts zu werten. Vielmehr scheint sie Element eines Trends zu sein, der schon früher einsetzte.

Auch ein Interviewpartner in Dorohoi reagiert zurückhaltend auf die Frage, ob er glaube, der EU-Beitritt habe die (Aus-)Wanderungsbewegung ansteigen lassen:

> *„[...] Ja, sie sind gegangen [...] aber es sind auch schon viele vorher gegangen. Also, es gibt welche, die direkt nach 90 ausgewandert sind, da wir auch nach 90 keine sehr starke Wirtschaft hatten [...]*
> *Wissen Sie, es waren Phasen und Phasen. Direkt nach 2007 glaube ich, sind mehr gegangen [...]*
> *Besonders nach 2008/2009 [...] ja, wirklich, man hat einen Anstieg [der Emigrationen, J. V.] registriert [...]".*[149]

Ein Phänomen, was in seiner Wirkung nicht zu unterschätzen ist und worauf der Interviewpartner Tudorescu[150] auch hinweist, ist die sogenannte Wirtschafts- und Finanzkrise des Jahres 2008, die aktuelle Krise des kapitalistischen Wirtschaftssystems. In ihrem Gefolge wurden Krisenlösungsstrategien angewendet, die zu großen Teilen die sozioökonomische Situation von Rumäninnen und Rumänen verschlechterten. Konkret zu nennen sind wohl drei Maßnahmen, die Teil eines radikalen Sparprogramms der Regierung sind: die Erhöhung der Mehrwertsteuer um fünf Prozent-Punkte auf 24 %, die Kürzung der Beamtengehälter um 25 %[151] und Stellenstreichungen im öffentlichen Sektor.

---

[147] European Commission: Report from the Commission to the Council on the Functioning of the Transitional Arrangements on Free Movement of Workers from Bulgaria and Romania, Report, 2011, url: http://ec.europa.eu/deutschland/press/pr_releases/10283_de.htm, S. 6 (letzter Zugriff am 17.06.2013).

[148] So sei ab 2004 eine Rate von 6,6 % für Rumänien registriert worden (vgl. ebd., S. 6).

[149] Tudorescu: Kinder und Familien in Dorohoi, wo Eltern(-teile) im Ausland arbeiten. Teil 1 (wie Anm. 132), 44f.

[150] Name aus Datenschutzgründen geändert.

[151] Vgl. u.a. Vasile: Romania (wie Anm. 131), S. 222.

Vasile hat 2011 für die „International Labour Organization" eine Untersuchung vorgelegt, in der sie zu Beginn einen allgemeinen Überblick über die Folgen der Krise für Rumänien gibt:

> „[...] Since the fourth quater of 2008 the economic and social context has altered, as Romania underwent a complex and difficult evolution that consisted of recession, unemployment, lack of competition, industry relocation further east, particularly of lighter manufacturing, and delayed social and education reform. The result has been a high level of informal employment and labour migration [...]".[152]

Im Rahmen dieser Arbeit kann keine eingehende Analyse der ökonomischen, politischen und gesellschaftlichen Folgen der Wirtschafts- und Finanzkrise geboten werden, daher beschränke ich mich auf diesen einleitenden Überblick von Vasile, der mit der interessanten Bemerkung endet, die Arbeitsmigration sei (auch) Resultat der Krisenerscheinungen.

Abschließend muss wohl festgehalten werden, dass die EU-Mitgliedschaft für Rumänien ambivalente Auswirkungen hat. Zu den Segnungen gehören die Einführung von EU-Standards, zu den Flüchen das neue krisenbedingte Spardiktat, was besonders die Lage der einfachen Bürger und Bürgerinnen prekarisieren dürfte. Paradoxerweise wird durch den Anschluss an die EU Rumänien mehr in Europa integriert – die eingangs thematisierte Marginalisierung etwas behoben – während das Land mit wirtschaftspolitischen Mitteln seitens der EU (direkte und indirekte) geschwächt und damit wahrscheinlich neuerlich marginalisiert wird.

4.2 Das Phänomen der rumänischen Arbeitsmigration

Dass Menschen aus Rumänien sich zu Arbeitszwecken im (europäischen) Ausland befinden, gehört in ihrer Heimat mittlerweile zur Alltagserfahrung. Medial ist die Thematik der Arbeit im Ausland einer breiten Öffentlichkeit zugänglich;[153] gleichzeitig lässt die Präsenz des Themas im gesellschaftlichen Diskurs auf seine Aktualität und Relevanz schließen.
Im Stadtbild sind die Infra- und Netzwerkstrukturen – Voraussetzung und auch Folgen von Auswanderungsbewegungen – omnipräsent: transeuropäische Buslinien etwa haben Agenturen in den Stadtzentren eröffnet,[154] Reklameschilder von Bargeldtransfer-Einrichtungen sind fester Bestandteil jeder Innenstadtpas-

[152] Vasile: Romania (wie Anm. 131), 221f.

[153] Hier ist lediglich ein exemplarischer Verweis möglich. So wird im 2012 erschienenen Spielfilm „După dealuri" der Aufenthalt einer Protagonistin in Deutschland ohne nähere Erklärungen oder Rückfragen nach ihren Gründen thematisiert. Für die Erzählstruktur des Films ist der Aufenthalt in Deutschland zu Arbeitszwecken wichtig. Dass er jedoch unerklärt bleibt, lässt darauf schließen, dass der Filmemacher Mungiu die Realität von im Ausland Arbeitenden beim Publikum, was überwiegend rumänischstämmig sein dürfte, als bekannt voraussetzt, vgl. Cristian Mungiu: După dealuri, Spielfilm, 2012 .

[154] Siehe auch Abbildungen 10, 11 und 12 im Anhang, S. II–III in dieser Arbeit.

sage.[155] Weil die Arbeit im Ausland sich von einem notwendigen Übel zu einer Selbstverständlichkeit gewandelt zu haben scheint, sind transnationale Identitäten und Familien in Rumänien Normalität geworden.

4.2.1 Daten und Fakten

Der rumänische Soziologe Sandu legte unlängst Zahlen vor, die das Ausmaß der rumänischen (Arbeits-)Migration zeigen. So lebten 2011 insgesamt 960.000 Rumänen und Rumäninnen in Italien,[156] 844.000 in Spanien, 136.000 in Deutschland und 76.000 in Großbritannien.[157]
Ein von der Bundesregierung verfasstes Schreiben bestätigt diese Zahlen[158] und lässt einen weiteren Zuzug rumänischer Staatsbürger und -bürgerinnen in jene Länder im Jahr 2012 erkennen.[159]

Das rumänische Ministerium für Arbeit, Familie, sozialen Schutz und ältere Personen[160] ist als allgemeine Anlaufstelle bei Fragen zu Arbeitsstellen mitverantwortlich für Arbeit im Ausland, insofern es zum Beispiel Initiator bilateraler Abkommen war. Wie aus seinem Internetauftritt hervorgeht, wurden besonders zwischen 2000 und 2005 transnationale Vereinbarungen über den Transfer von Arbeitskräften abgeschlossen. Länder wie Griechenland, Ungarn, Luxemburg, Portugal, Spanien, Frankreich und Italien sind Vertragspartner. Deutschland ist bereits seit Beginn der 90er Jahre Kooperationspartner; es bestehen drei Abkommen.[161]

Seit 2007 besteht für rumänische Staatsangehörige, die im EU-Ausland arbeiten (und leben) möchten, die Arbeitnehmerfreizügigkeit.[162] Im Fall von Deutschland handelt es sich bisher um eine *eingeschränkte* Arbeitnehmerfreizügigkeit; erst ab dem 01.01.2014 gilt auch für EU-Staatsangehörige aus Rumänien (und Bulgarien) die *volle* Arbeitnehmerfreizügigkeit.[163] Die bisherige Situation ist

---

[155] Ihlau/Mayr drücken für die Hafenstadt Constanta jenen Widerspruch aus, den diese neuen Elemente des Stadtbildes rumänienweit erzeugen: „[...] Auf den abgelebten Fassaden der Häuser prangen nun, wie im Großteil Europas, die unvermeidlichen UniCredit-Vodafone-Carrefour-WesternUnion-Werbeschilder wie Make-up auf dem Gesicht einer müden Hure [...]“ (Ihlau/Mayr: Minenfeld Balkan (wie Anm. 125), S. 265).

[156] Vgl. dazu auch Abbildung 13 im Anhang, S. IV in dieser Arbeit.

[157] Vgl. Dumitru Sandu: Romanians in the context of the migration system from the New to the Old European Union member states, Präsentation, Konferenz „Six years of labour market restriction in European Union“, 2013, URL: `https://sites.google.com/site/dumitrusandu/dumitrusandusociologsociologist/East_West\%20mig\%20system2.pdf`, S. 5 (letzter Zugriff am 06.03.2013).

[158] Vgl. Bundesregierung: Antwort der Bundesregierung (wie Anm. 71), S. 11.

[159] „[...] Die zahlenmäßig stärksten Gruppen an rumänischen [...] Staatsangehörigen in den anderen EU-Mitgliedsstaaten leben zurzeit in Spanien (2012: [...] 865.752 Rumänen) und Italien (2012: [...] 1.072.342 Rumänen) [...]“ (ebd., S. 9).

[160] Vgl. Ministerul Muncii, Familiei, Protecţiei Sociale şi Persoanelor Vârstnice: Ministerium für Arbeit, Familie, sozialen Schutz und ältere Personen, 2013, URL: `http://www.mmuncii.ro/nou/index.php/ro` (letzter Zugriff am 26.06.2013).

[161] Vgl. ders.: Acorduri bilaterale în domeniul circulaţiei forţei de muncă, 2013, URL: `http://www.mmssf.ro/nou/index.php/ro/munca/relatii-bilaterale-si-organizatii-internationale/34-acorduri-bilaterale-in-domeniul-circulatiei-fortei-de-munca` (letzter Zugriff am 18.06.2013).

[162] Vgl. u.a. Bundesregierung: Antwort der Bundesregierung (wie Anm. 71), S. 2.

[163] Vgl. u.a. ebd., S. 1 und European Commission: Report on Transitional Arrangements (wie Anm. 147), S. 3, siehe auch Abbildung 7 im Anhang, S. I in dieser Arbeit.

bedingt durch Restriktionen seitens der deutschen Regierung, um den Zugang zum hiesigen Arbeitsmarkt zu kontrollieren, beziehungsweise einzuschränken.[164]

Für die Zeitspanne von 1990 bis 2013 kann unter Berücksichtigung der Daten, die Horváth in Anlehnung an Lăzăriu und Sandu vorlegt,[165] jener, die Sandu ermittelt hat,[166] und derjenigen, die die Bundesregierung im Mai diesen Jahres bekannt gab,[167] eine Übersicht über Phasen und Hauptzielländer rumänischer Arbeitsmigranten und -migrantinnen erstellt werden:

Phase	Zielländer
1990 - 1995	Israel, Türkei, Ungarn, Deutschland
1996 - 2002	Italien, Spanien
2002 - 2007	Italien, Spanien, Portugal, Großbritannien
2007 - 2013	Italien, Spanien, Deutschland, Großbritannien, Dänemark, Schweden

Tabelle 1: Phasen rumänischer Arbeitsmigration und jeweilige Zielländer.

4.2.2 Ursachen, Motive und Akteure

Anschließend an die bereits allgemein diskutierten Wanderungsmotive soll hier unter Berücksichtigung von Aussagen rumänischer Interviewpartner und -partnerinnen erschlossen werden, was Menschen aus Rumänien veranlasst, zu Arbeitszwecken ins Ausland zu gehen. Auch eine 2009 erstellte Abschlussarbeit von Velniceriu aus Dorohoi enthält interviewbasierte Informationen über Migrationsmotive und soll deshalb an geeigneter Stelle Beachtung finden. Weitere einschlägige Literatur wird dazu dienen, die Interviewaussagen zu verifizieren oder sie zu hinterfragen.

Der Dorohoier Schulpsychologe Tudorescu begründet die Abwanderung aus Rumänien folgendermaßen:

> *„[...] Wenn die Menschen sehen, dass sie keine Arbeit finden im Bezirk, gehen sie; entweder innerhalb des Landes oder ins Ausland [...] Du musst etwas machen, um deine Familie zu ernähren [...]*

[164] Vgl. European Commission: Report on Transitional Arrangements (wie Anm. 147), S. 3; Deutschland ist einer der wenigen EU-Staaten, der die volle Frist zur Beschränkung des Arbeitsmarktzugangs nutzt; die meisten Länder haben seit spätestens 2011 den Zugang rumänischer Kräfte zum Arbeitsmarkt erlaubt (vgl. ebd., S. 4).

[165] Vgl. Horváth: Rumänien (wie Anm. 123), 3f.

[166] Vgl. Sandu: Romanians in the context of the migration system from the New to the Old European Union member states (wie Anm. 157), S. 5.

[167] Vgl. Bundesregierung: Antwort der Bundesregierung (wie Anm. 71), S. 10.

Gut, es sind auch welche, die sich einen etwas besseren Lebensstandard leisten wollen [...] sie führen wahrhaft kein Leben voller Entbehrungen, voller Deprivation. Aber sie wollen einen etwas besseren Standard erreichen. Zum Beispiel: Ich will auch ein Auto und kann es mir durch mein Gehalt nicht leisten [...] Aber das sind wenige Fälle.
Allgemein ist der Grund, dass sie das Leben der Familie nicht sichern können [...]".[168]

Er spricht zwei Hauptgründe für die Migrationsentscheidung an: den Wunsch eines besseren Lebensstandards und die Notwendigkeit der Überlebenssicherung. Diese beiden konträren Motive – insofern sie zutreffen – zeigen, dass bei der Forschung nach Beweggründen nicht davon ausgegangen werden kann, dass *die* Rumänen und/oder Rumäninnen eine homogene Gruppe darstellen und dass es *das* Motiv nicht geben kann. Kennzeichen moderner Gesellschaften, wie es auch die rumänische ist, sind Diversität und zum Teil Gegensätzlichkeit von Lebenssituationen und -entwürfen. Diese gilt es zu berücksichtigen.

Die Frage nach den Beweggründen Migrierender erfordert die Rückfrage nach ihrer sozioökonomischen Situation in Rumänien. Vormals wurde auf Mappes-Niedieks Aussage verwiesen, wonach nicht die Ärmsten der Armen ins Ausland gingen, sondern Angehörige der Mittelschicht.[169] Auch Velniceriu hat einen Soziologen interviewt, der ähnlich argumentiert: „[...] Personen, die es in Betracht ziehen zur Arbeit ins Ausland zu gehen, leben nicht in Elend, in absoluter Armut (...) wir können angeben, dass sie [die Migrationswilligen, J.V.] Einkommen haben, aber mehr wollen (...) wir können in diesem Fall von *relativer Armut* sprechen [...]".[170]

Unterstützt wird diese Behauptung auch von Sarti, die im Rahmen ihrer Untersuchung zu Globalisierung von Haushaltsdienstleistungen einen neuen „Domestic Service" beschreibt.[171] Menschen wanderten zwar im Gegensatz zu früheren (Dienstleistungs-)Migrationen von ärmeren in reichere Länder, jedoch seien die Migrierenden selbst nicht unbedingt arm, sie seien oftmals gut (aus-)gebildet und gehörten der Mittelschicht an. „[...] migrating abroad may require assets unattainable for the poorest in the poor countries [...]",[172] begründet sie das Dableiben der ökonomisch schwächsten Bevölkerungsschichten.

Die im Vorhinein als Hauptursache von Migration vermutete Arbeitslosigkeit ist, wie sich zeigt, überwiegend *nicht* Hauptmotiv für die Arbeit im Ausland.

---

168 TUDORESCU: Kinder und Familien in Dorohoi, wo Eltern(-teile) im Ausland arbeiten. Teil 1 (wie Anm. 132), 9f.

169 Vgl. S. 1 in dieser Arbeit und MAPPES-NIEDIEK: Die Situation der Roma in Südosteuropa als gesamteuropäische Herausforderung (wie Anm. 10).

170 Alina VELNICERIU: Fenomenul migranţiilor externe şi asistenţă socială a copiilor rămaşi „singur acasă", Abschlussarbeit, 2009, Universitatea Alexandru Ioan Cuza, Iaşi, Rumänien, S. 59, Übersetzung und Hervorhebung durch die Autorin.

171 Vgl. Raffaella SARTI: The Globalisation of Domestic Service – An Historical Perspective, in: Helma LUTZ (Hrsg.): Migration and Domestic Work, Hampshire/ Burlington: Ashgate, 2008, Kap. 6, S. 77–97.

172 Ebd., S. 89.

Die *relative Armut*[173] scheint eher Anlass zur Trans- oder Emigration zu sein. Mit diesem Begriff ist keine Armut gemeint, die durch Arbeitslosigkeit entsteht, sondern eine, die *trotz* eines Arbeitsplatzes entstehen kann.
Das Durchschnittseinkommen in Rumänien lag im April 2013[174] bei 2.291 RON brutto, beziehungsweise 1.661 RON netto,[175] was 511,04 EUR brutto, beziehungsweise 370,51 EUR netto sind.[176] Bis auf die Mietpreise sind die Lebenshaltungskosten in Rumänien mit denjenigen in alten EU-Mitgliedsstaaten vergleichbar. Hinzu kommt, dass kaum weitere nennenswerte Sozialleistungen durch den Staat bereitgestellt werden.[177] Dass das (Über-)Leben einer Familie nicht einfach zu sichern ist, kann so selbst für Rumänen und Rumäninnen *mit* Arbeit als gesicherte Annahme gelten.
Wenn demnach die in Dorohoi arbeitende Soziologin Popa[178] im Interview sagt: *„[...] Hier ist weiterhin ein Problem mit den Arbeitsplätzen [...]“*,[179] darf dies nicht als ein allgemeiner Arbeitsplatzmangel verstanden werden, sondern ist im Sinne Mappes-Niedieks[180] als ein Mangel an *ausreichend bezahlter* Arbeit zu verstehen.

Popa beschreibt ein weiteres Motiv vieler Eltern, die im Ausland Arbeit suchen:

> *„[...] Ja, es gibt Vor- und Nachteile [der Migration, J.V.], da auch wir schließlich wissen, dass wir nicht nur vom Geld abhängen [...] Aber auch ohne Geld [...] es existiert nicht die Möglichkeit, dem Kind vielleicht die Bildung zu geben, die es verdient hätte [...]“* .[181]

Popa führt als Beispiel die universitäre Ausbildung an. Trotz staatlicher Förderung könne sich kaum jemand ein Studium leisten, der oder die nicht zusätzliche Gelder erhält. Oft seien die Gelder, die aus dem Ausland überwiesen werden, notwendige Unterstützung bei der Finanzierung von Unterkunft, Verpflegung oder Lernmaterialien während des Studiums. *„[...] Ja, die Gelder aus dem Aus-*

---

[173] Vgl. Velniceriu: Fenomenul migranţiilor externe şi asistenţă socială a copiilor rămaşi „singur acasă“ (wie Anm. 170), S. 59.

[174] Aktuellste verfügbare Zahlen.

[175] National Institute of Statistics: Căştiguri salariale 1991–2013 (wie Anm. 143), letzter Zugriff am 14.06.2013.

[176] Umgerechnet nach dem Kurs des Monats April 2013 durch die Autorin.

[177] An dieser Stelle sei aber auf eine neue staatliche Initiative hingewiesen, die Mitte Mai in der Allgemeinen Deutschen Zeitung für Rumänien verkündet wurde. So habe Premier Ponta nach einem Treffen mit Weltbank-Chef Kim bekannt gegeben, die Familienzuwendung um 30 % und das Mindesteinkommen um 13 % zu erhöhen. Konkret bedeutet dies beispielsweise für eine Einzelperson, die das staatliche Mindesteinkommen von derzeit monatlich 125 RON (27,88 EUR) erhält, eine Steigerung dieser Zuwendung um 16,25 RON (3,62 EUR), vgl. Allgemeine Deutsche Zeitung für Rumänien: Mindesteinkommen und Familienzuwendung erhöht. Maßnahme soll steigende Energiepreise kompensieren, Pressemeldung, 2013, Umgerechnet nach dem Kurs des Monats Mai 2013 durch die Autorin.

[178] Name aus Datenschutzgründen geändert.

[179] Popa/Mitrofan: Kinder und Familien in Dorohoi, wo Eltern(-teile) im Ausland arbeiten (wie Anm. 119), S. 35.

[180] Vgl. Mappes-Niediek: Die Situation der Roma in Südosteuropa als gesamteuropäische Herausforderung (wie Anm. 10).

[181] Popa/Mitrofan: Kinder und Familien in Dorohoi, wo Eltern(-teile) im Ausland arbeiten (wie Anm. 119), S. 40.

land werden auch gebraucht! [...]", sagt Popa.[182]
Velniceriu, die mit Kindern darüber sprach, wie sie die Migration ihrer Eltern erleben und verstehen, kommt bei einer Analyse der Wanderungsmotive zu dem Schluss, dass die (Aus-)Bildungsfinanzierung nach dem Wunsch eines größeren Einkommens und der Hoffnung auf bessere Lebensbedingungen an dritter Stelle steht.[183] Die überwiesenen Gelder werden gebraucht zur Förderung der heranwachsenden Generation.[184]

Sie werden auch gebraucht zur Gewährleistung einer (besseren) medizinischen Versorgung. Tudorescu will in einem Interview illustrieren, dass es zwar Fonds gebe, aber die Verteilung nicht funktioniere und wählt als Beispiel die Gesundheitsversorgung. Er beschreibt die Situation eines Krankenhauspatienten:

> *„[...] Ein Patient, der operiert wird, muss bis auf die Instrumente des Arztes alle nötigen Materialien selbst stellen, vom Faden bis zum Verbandsmaterial [...]".*[185]

Insofern die Verwendung der Gelder[186] einen Hinweis auf ein Migrationsmotiv darstellen kann, lässt sich aus den bisherigen Beobachtungen die Schlussfolgerung ziehen, dass viele Rumäninnen und Rumänen aufgrund einer unzureichenden sozialen Absicherung (für Bildung, Gesundheit, Wohnen und Leben) die Entscheidung für die Migration fällen. Dabei unterscheidet sich die Situation von Beschäftigten – aufgrund drastischer Unterentlohnung – nicht grundlegend, sondern nur graduell von derjenigen Arbeitssuchender, Minderjähriger oder Pensionierter, die als eher einkommensschwache Gruppen gelten.

4.2.3 Initiativen, rechtliche Regelungen und institutionelle Rahmenbedingungen

Neben dem Amt für Arbeitsmigration, das sich explizit mit der Vermittlung von Stellen im Ausland befasst, sind weitere Einrichtungen entstanden, die in direktem oder indirekterem Zusammenhang mit dem Phänomen der Arbeitsmigration stehen. Es wurden Vereine gegründet, Studien erstellt und Gesetze verabschiedet. Wieder kann im Rahmen dieser Arbeit kein Gesamtüberblick gegeben werden. Ich fokussiere im Folgenden die Lage von Kindern und Jugendlichen

[182] POPA/MITROFAN: Kinder und Familien in Dorohoi, wo Eltern(-teile) im Ausland arbeiten (wie Anm. 119), S. 41.

[183] Weitere Gründe zur Auswanderung seien Sicherheitsbedürfnis, Selbstverwirklichung und der Wunsch nach Anerkennung und Liebe, vgl. VELNICERIU: Fenomenul migranţiilor externe şi asistenţă socială a copiilor rămaşi „singur acasă" (wie Anm. 170), S. 26.

[184] Auch in Parreñas' Studie stellte sich Bildung als ein Motiv für Arbeitsmigration heraus: „[...] the attainment of education for one's children is a central motivation factor for labor migration [...]" (PARREÑAS: Children of Global Migration (wie Anm. 15), S. 7, aufgenommen auch von Hochschild, vgl. HOCHSCHILD: The Nanny Chain (wie Anm. 118), S. 1.

[185] TUDORESCU: Kinder und Familien in Dorohoi, wo Eltern(-teile) im Ausland arbeiten. Teil 2 (wie Anm. 124), 9f.

[186] Gelder seien für Rumänen und Moldawier die „Hauptmotivation" Arbeit im Ausland zu suchen, behaupten Luca et al., vgl. LUCA: Manual pentru professionişții (wie Anm. 18), S. 7.

aus transnationalen Familien.[187] Nachdem bereits die (EU-)rechtlichen Rahmenbedingungen der Arbeitsmigration betrachtet wurden, soll nun der Blick auf gesetzliche Regelungen zum Schutz dieser Kinder gerichtet werden. Wie werden diese umgesetzt? Welche Probleme treten auf?[188]

Im Rahmen des von der EU[189] geförderten Projektes „Transnationale interinstitutionelle Zusammenarbeit für den Schutz der Rechte der Kinder allein zu Hause“ wurde unter Mitwirkung des Vereins „Soziale Alternativen“[190] Material erstellt, in dem wissenschaftliche Erkenntnisse zu psychosozialen Folgen elterlicher Migration aufbereitet sind. Die herausgegebenen Broschüren richten sich an Eltern, die die Absicht haben, ins Ausland zu gehen,[191] und an professionelle Kräfte, die mit Kindern und Jugendlichen aus transnationalen Familien arbeiten.[192]

Die Situation, dass Kinder migrationsbedingt ohne die dauerhafte Gegenwart eines oder beider Elternteile aufwachsen, ist zwar schon länger immer häufiger der Fall, wird jedoch erst, wie Luca feststellt, seit 2005 wissenschaftlich untersucht.[193] Der entstandene Diskurs nahm auch Einfluss auf die Gesetzgebung: am 15. Juni 2006 wurde eine Verordnung erlassen, die dem Schutz und der Förderung von Kindern gewidmet ist, die ohne die Fürsorge beider Eltern aufwachsen, während diese sich zur Arbeit im Ausland befinden oder – im Falle monoparentaler Familien – Vater oder Mutter außer Landes sind.
Dieser Erlass Nr. 219[194] legt fest, dass Kinder aus transnationalen Familien in regelmäßigen Abständen behördlich erfasst werden müssen. In der Praxis

---

[187] In der rumänisch-sprachigen Literatur ist meist von „Kindern, die allein zu Hause geblieben sind“ („Copii rămaşi singuri acasă“) die Rede (vgl. u.a. Cătălin LUCA: Ghid pentru părinţii care pleacă la muncă în străinătate, Editura Terra Nostra, Iaşi, 2009). Dieser Terminus trägt meiner Sicht nach eher zu einer Viktimisierung der betreffenden Kinder bei, als dass er der sachlichen Analyse ihrer Lage dienlich ist. Ähnlich verhält es sich mit dem englischen Begriff der „Children Left Behind“ (vgl. u.a. CORTÉS: Children and Women Left Behind in Labour Sending Countries (wie Anm. 13)). Ich verwende den mir neutraler erscheinenden Terminus „Kinder aus transnationalen Familien“.

[188] Die Tatsache, dass sich in Rumänien mittlerweile umfassendes Material zur Problematik der Migration und ihrer Auswirkungen findet, mag denjenigen überraschen, der glaubte, es im Falle Rumäniens mit einer bisher *unbekannten* Thematik zu tun zu haben. *„[...] Alle haben Studien über die zu Hause gebliebenen Kinder gemacht, deren Eltern sich zu Arbeitszwecken im Ausland aufhalten [...]“*, sagt Popa im Interview (POPA/MITROFAN: Kinder und Familien in Dorohoi, wo Eltern(-teile) im Ausland arbeiten (wie Anm. 119), S. 19). Auch wenn dies eine Übertreibung ist, wurde in Rumänien (teils in Kooperation mit der benachbarten Republik Moldawien) in den letzten Jahren viel Material erarbeitet zu dieser Thematik (vgl. u.a. die Arbeiten von Horváth und Sandu, eine Übersicht bieten auch Luca et al., vgl. LUCA: Manual pentru professioniştii (wie Anm. 18), 7f).

[189] Im Rahmen des Programmes PHARE, vgl. ebd.

[190] „Asociaţia Alternative Sociale“.

[191] Vgl. LUCA: Ghid pentru părinţii (wie Anm. 187).

[192] Vgl. DERS.: Manual pentru professioniştii (wie Anm. 18), 2007 war eine Handreichung zur sozialen, psychologischen und juristischen Unterstützung der Kinder aus transnationalen Familien erschienen, die im Material von 2009 aktualisiert wurde, vgl. DERS.: Metodologie. Asistenţă socială, psihologică şi juridică a copiilor rămaşi singur acasă ca urmare a plecării părinţilor la muncă în străinătate, Editura Terra Nostra, Iaşi, 2007.

[193] Vgl. DERS.: Manual pentru professioniştii (wie Anm. 18), S. 7.

[194] „Ordinul ANPDC nr. 219 din 15 iunie 2006“, vollständig abgedruckt bei Luca et al., vgl. ebd., S. 21-23.

übernehmen es die Schulen,[195] Informationen zu den betreffenden Kindern einzuholen und an die Sozialassistenz-Direktion des Landkreises zu übermitteln. Da Kinder aus transnationalen Familien eine Risikogruppe darstellen, wird ihre Lage möglichst genau erfasst; der sogenannte „Bericht zur Initial-Evaluation“[196] ergänzt die vierteljährlich vorzulegenden allgemeinen Tabellen;[197] er fasst alle wesentlichen Informationen zur Situation jedes Kindes zusammen (persönliche und familiäre Daten, Bezugs- und Vertrauenspersonen).
Kinder, deren Situation sich im REI als risikohaft herausstellt, sollen der Verordnung Nr. 219 zufolge im Rahmen der Sozialassistenz Unterstützung erhalten. In die individuelle Hilfeplanung, die im „Leistungsplan“[198] einzutragen ist, wird die Familie mit einbezogen. Eine abschließende Evaluation zu erreichten Zielen oder weiterem Hilfebedarf ist vom Erlass Nr. 219 ebenfalls vorgesehen.[199]

Schritt	Inhalt	Material
1	Aufnahme des Falls	Bericht zur Initial-Evaluation
2	detaillierte Situationsanalyse	–
3	Intervention	Leistungsplan
4	Evaluation	Evaluationsbogen
5	Abschluss des Falls	–

Tabelle 2: Sozialassistenz gemäß Verordnung Nr. 219 vom 15.06.2006 für Kinder aus transnationalen Familien in Rumänien.

Für den Fall, dass sich ein Kind in einer Risikosituation befindet, sieht Artikel 4 der Ordnung Nr. 219 neben der Unterstützung durch die soziale Assistenz auch eine Form von *psychologischer* Assistenz vor.[200] Psychologische Beratung sollen jene Kinder und Jugendlichen erhalten, bei denen Anhaltspunkte dafür bestehen, dass ihnen die Abwesenheit der Eltern über das zu erwartende Maß hinaus schadet. In Gruppen oder einzeln erarbeiten Schulpsychologen/-psychologinnen, beziehungsweise Beratungslehrer und -lehrerinnen mit den Betreffenden Strategien, die zur Bewältigung der Situation beitragen können.[201] Die psychologische Assistenz erstellt ein weiteres Gutachten, den sogenannten

[195] Daher sind für unter 2- und über 18-Jährige in der gleichen Situation keine Datensätze vorhanden. Kindergärten und Vorschulen berichten in der Regel über Fälle von Kindern transnationaler Familien; trotzdem ist auch für die Gruppe der 3- bis 5-Jährigen kein vollständiges Datenmaterial vorhanden.

[196] „Raport de evaluare iniţială“, Abkürzung: REI, vgl. Luca: Manual pentru professioniştii (wie Anm. 18), S. 30-35 (vollständig abgedruckt).

[197] Sie enthalten lediglich folgende Daten: Name, Geburtsdatum, Namen der Eltern, Klasse, Adresse, migrierter Elternteil, Sorgeberechtigte(r).

[198] „Plan de servicii“, vgl. Luca: Manual pentru professioniştii (wie Anm. 18), S. 36-39 (vollständig abgedruckt).

[199] Vgl. ebd., 40f (vollständig abgedruckt).

[200] Vgl. ebd., S. 22.

[201] Der in Dorohoi interviewte Tudorescu arbeitet als ein solcher Beratungslehrer, vgl. Tudorescu: Kinder und Familien in Dorohoi, wo Eltern(-teile) im Ausland arbeiten. Teil 1 (wie Anm. 132), S. 13-15.

„Bericht zur psychologischen Evaluation";[202] die Sitzungen und Gespräche mit dem/der Jugendlichen werden anhand eines „individuellen Beratungsbogens"[203] protokolliert.

Jedoch treten bei der Umsetzung der Regelungen zum besonderen Schutz von Kindern aus transnationalen Familien Probleme auf. Die Soziologin Popa fasst ihre Erfahrungen so zusammen: *„[...] Das Gesetz existiert. Das Funktionieren existiert nicht [...]"*.[204] Was meint sie damit? Der Erlass Nr. 219 fordert in Artikel 10, dass rumänische Bürger/Bürgerinnen, die zu Arbeitszwecken das Land verlassen wollen und minderjährige Kinder haben, dies beim öffentlichen Sozialassistenz-Dienst[205] oder im Rathaus anzeigen müssen.[206]
Jedoch wird dies kaum befolgt. Wie Popa und auch Tudorescu aus ihren Erfahrungen berichten,[207] zeigen in Dorohoi nur sehr wenige Eltern ihre Absicht, im Ausland zu arbeiten, bei den Behörden an. Velniceriu hat 2009 in einer vergleichenden Studie Zahlen vorgelegt, wonach nur 3,7 % der Eltern in Dorohoi die betreffenden Stellen über ihre Migrationsabsichten und ihre zurückbleibenden Kinder informiert hätten.[208]
Dies führt dazu, dass Informationen über transnationale Familiensituationen die Ämter nur indirekt – über die Lehrer und Lehrerinnen, die die Daten zu jenen Kindern für die vierteljährlichen Tabellen sammeln – erreichen. Auf diesem Wege gehen auch nur diese Informationen in die Statistiken ein.[209]
Das Zuwiderhandeln wird nicht erfasst und zieht keinerlei juristische Konsequenzen für die Migrierenden nach sich. Jedoch kann, wie Popa illustriert, das Nichtanzeigen der Ausreise und damit einhergehend auch das nicht notarielle Regeln des Verbleibes des Kindes dazu führen, dass Unterstützung, die den betreffenden Kindern eigentlich zustünde, sie nicht erreichen kann.

> *„[...] Mir ist neulich ein Fall begegnet. Wir haben ein von der Stadt gefördertes Projekt mit zwei Kindergärten durchgeführt. Die Stadt hat das Mittagessen und das Nachmittagsprogramm bezahlt für die Vor-Vorschüler, also die 2- bis 3-Jährigen. Es war gedacht für Kinder mit ins Ausland migrierten Eltern und Familien mit geringem Einkommen [...]*

---

[202] „Raport de evaluare psihologică", vgl. Luca: Manual pentru professioniştii (wie Anm. 18), 46f (vollständig abgedruckt).

[203] „Fişă individuală de consiliere", vgl. ebd., S. 48.

[204] Popa/Mitrofan: Kinder und Familien in Dorohoi, wo Eltern(-teile) im Ausland arbeiten (wie Anm. 119), S. 46.

[205] „Serviciul Public de Asistenţă socială" (SPAS).

[206] Vgl. Luca: Manual pentru professioniştii (wie Anm. 18), S. 23, dazu auch Popa/Mitrofan: Kinder und Familien in Dorohoi, wo Eltern(-teile) im Ausland arbeiten (wie Anm. 119), S. 46.

[207] Vgl. u.a. ebd., S. 46 und Tudorescu: Kinder und Familien in Dorohoi, wo Eltern(-teile) im Ausland arbeiten. Teil 2 (wie Anm. 124), S. 26.

[208] Vgl. Velniceriu: Fenomenul migranţiilor externe şi asistenţă socială a copiilor rămaşi „singur acasă" (wie Anm. 170), S. 62.

[209] Die von den Schulen bereitgestellten Datensätze sind, wie sich bei der Auswertung zeigte, nicht immer vollständig. Die im nächsten Kapitel vorgestellten Ergebnisse sind auch aus diesem Grund als vorläufig zu betrachten. Intensivere Forschung müsste stattfinden, wobei das grundsätzliche Problem der Datengewinnung über die bis 3-Jährigen und die über 18-Jährigen auch dadurch nicht lösbar erscheint.

Wir fanden uns wieder mit einer Großmutter, die ihren Enkel auch für dieses Programm anmelden wollte. Aber sie konnte das Antragsformular nicht unterschreiben. Wir wollen die Mutter [...] Andernfalls muss eine notariell abgefasste Bevollmächtigung von der Mutter vorliegen. Dann hätte die Oma unterschreiben können bei uns. Gar kein Problem [...]".[210]

Abschließend lässt sich also feststellen, dass in Rumänien von wissenschaftlicher und auch von politischer Seite dem Phänomen der (Arbeits-)Migration viel Aufmerksamkeit geschenkt wird. Die vorgestellten gesetzlichen Bestimmungen zum Schutz der Kinder aus transnationalen Familien sind ein Beispiel dafür. Jedoch stellt die *Umsetzung* der Regelungen ein Problem dar. Behördlich sind die wenigsten Kinder mit migrierten Eltern registriert, was ihren Zugang zum Hilfesystem erschwert.

4.3 Transnationale Familien in Dorohoi

4.3.1 Forschungsdesign und -durchführung

Die im Folgenden vorgelegten Daten wurden im Rahmen eines zweiwöchigen Forschungsaufenthaltes in Dorohoi im März 2013 erhoben. Dabei waren die Interview- und Kooperationspartner und -partnerinnen nicht nur bei der Übermittlung von Informationen, Erfahrungen und Einschätzungen von Bedeutung, sondern auch bei der Bereitstellung des empirischen Materials.[211]

So habe ich mit drei Personen Interviews geführt, die als Akteure und Akteurinnen im Hilfesystem die Situation von Kindern und Jugendlichen in Dorohoi kennen und beurteilen können. Mein Kooperationspartner, die Schule Nr. 5 in Dorohoi,[212] war eine erste Anlaufstelle. Dort sprach ich mit dem Schulpsychologen und Beratungslehrer, Ovidiu Tudorescu.[213] Von ihm erfuhr ich vom Tageszentrum „Jurjac" in Dorohoi.[214]
Dort hatte ich die Gelegenheit, mit Frau Silvia Popa zu sprechen. Sie ist Soziologin und leitet dieses Tageszentrum, dessen Klientel auch Kinder aus transnationalen Familien sind.
Herrn Constantin Mitrofan traf ich ebenfalls in diesem Tageszentrum an. Er ist als Leiter der örtlichen Sozialassistenz-Direktion zuständig für die Koordination

---

[210] Vgl. Popa/Mitrofan: Kinder und Familien in Dorohoi, wo Eltern(-teile) im Ausland arbeiten (wie Anm. 119), S. 49-51.

[211] Ursprünglich sollten qualitative Interviews mit Kindern oder Jugendlichen geführt werden, die in transnationalen Familien leben. Wie sich im Laufe des Aufenthaltes jedoch herausstellte, waren die Kooperationspartner an der Schule Nr. 5 aus Dorohoi, wo im Vorfeld meine Absicht, Interviews zu führen bekannt war und Unterstützung fand, dann eher skeptisch. Ihr Anliegen, ihre Schüler – besonders jene, deren emotionale Verfassung möglicherweise angespannt sein könnte – vor Fragen zu schützen, die sehr persönliche Punkte berühren könnten, ist verständlich. Es zeigte sich, dass für ein so sensibles Thema wie die Abwesenheit der Eltern und die damit verbundenen Emotionen ein längerer Untersuchungszeitraum vonnöten wäre. Vertrauen muss aufgebaut werden bei den Kooperations- und Interviewpartnern und -partnerinnen.

[212] Vgl. dazu auch Abbildung 15 im Anhang, S. V in dieser Arbeit.

[213] Dieser, wie auch die beiden folgenden Namen sind aus Datenschutzgründen geändert.

[214] Vgl. dazu auch Abbildung 14 im Anhang, S. IV in dieser Arbeit.

verschiedenster sozialer Hilfen. Ihm ist zu verdanken, dass ich Zugang zu umfassendem Datenmaterial über die Situation von Schülern aus transnationalen Familien erhielt.
Dass ich Herrn Mitrofan kurz vor Ende meines Aufenthaltes zufällig vor dem örtlichen Rathaus traf, wo er mir eine Ansprechperson nannte, von der ich weiteres Material erhalten konnte, verhalf mir zu einem tieferen Einblick in die Datenlage. Einen kurzen Antrag an den Bürgermeister und einen Tag später konnte ich im Rathaus Einsicht nehmen in ältere Daten.
Bei dieser Gelegenheit wiederum lernte ich Alina und Gabriel Velniceriu kennen, die 2009 im Rahmen einer Abschlussarbeit eine Vergleichsstudie zu Kindern migrierter Eltern in dem Dorf Pomârla und der Stadt Dorohoi angefertigt hatten.[215] Sie waren sehr offen für meine Fragen, gaben mir wertvolle Hinweise und gewährten mir Zutritt zu dem von ihnen erhobenen umfassenden Datenmaterial.

4.3.2 Quantitative Erhebung – Kinder und Jugendliche, deren Eltern sich zur Arbeit im Ausland befinden

Wie stellt sich nun die Lage in der Kleinstadt Dorohoi dar? Zunächst soll der Zeitraum 2010 bis 2012[216] untersucht werden; für ihn liegen vollständige Datensätze vor. Insgesamt liegt die Zahl der von elterlicher Migration betroffenen Kinder im Untersuchungszeitraum bei durchschnittlich 415 Kindern im Alter von 0 bis 17 Jahren. Die meisten Kinder, die in transnationalen Familien aufwachsen, sind im ersten und zweiten Quartal des Jahres 2011 festzustellen (n = 489), die wenigsten im zweiten Quartal 2010 ($n = 333$).
Die am meisten betroffene Altersgruppe ist die der 14- bis 17-Jährigen, deren Anteil bei durchschnittlich 42,7 % an der Grundgesamtheit der 0- bis 17-Jährigen liegt. Je jünger die Kinder sind, desto seltener haben sie migrierende Eltern, vgl. dazu Abbildung 1[217].

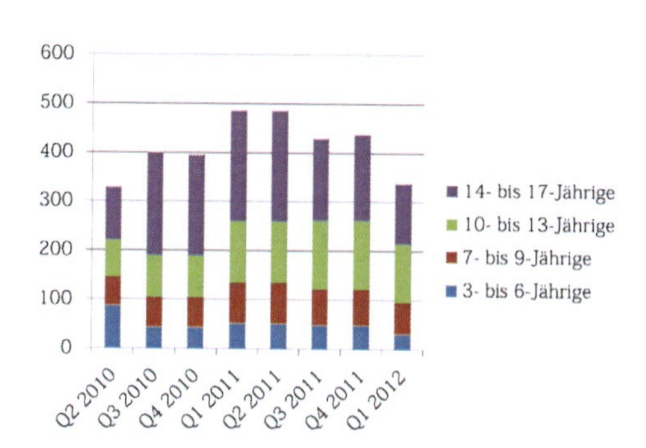

Abbildung 1: Anzahl der Kinder mit migrierten Eltern im Zeitraum 2010-2012 nach Altersgruppen.

Mädchen wie Jungen sind in Dorohoi fast zu gleichen Teilen von elterlicher Mi-

[215] Vgl. Velniceriu: Fenomenul migranţiilor externe şi asistenţă socială a copiilor rămaşi „singur acasă“ (wie Anm. 170).

[216] Zweites Quartal 2010 bis erstes Quartal 2012, vgl. dazu **Tabelle 3** im Anhang, S. VI in dieser Arbeit.

[217] Die Altersgruppe der 7- bis 9-Jährigen ist kleiner als die anderen Untersuchungsgruppen; daher ist die Grafik leicht verzerrt.

gration betroffen. Der Anteil der Mädchen an der untersuchten Gesamtgruppe ist etwas größer.[218] Auf 100 Jungen mit migrierten Eltern kommen durchschnittlich knapp 111 Mädchen mit der gleichen familiären Situation. Mit Blick auf die untersuchten Zeitabschnitte lässt sich für das erste und zweite Quartal 2011 der größte Anteil der Mädchen feststellen; er beträgt 54,4 %, vgl. dazu Abbildung 2. In diesem Zeitraum sind auch insgesamt die meisten Kinder und Jugendlichen mit transnationaler Familiensituation registriert worden.

Eine dritte untersuchte Kategorie umfasst die Frage nach dem migrierten Elternteil. Wie sind unterschiedliche Familienformen im Migrationsverhalten präsent? Die häufigste Art, wie Familien Migration erleben, beziehungsweise praktizieren, ist die, dass *einer* der beiden Elternteile – Vater oder Mutter[219] – ins Ausland geht. Im Durchschnitt nahezu zwei Drittel aller hier untersuchten Fälle zeigen diese Form. Es ist auch deshalb die häufigste Form, da die sogenannte klassische Familie mit zwei Eltern immer noch die verbreitetste Form von Familie ist. Viel weniger anzutreffen ist die Familie mit einem alleinerziehenden Elternteil. So ist das Phänomen, dass der oder die *eine* Sorgeberechtigte migriert, auch am geringsten ausgeprägt. Eher noch kommt es vor, dass in Familien mit Vater und Mutter *beide* Elternteile im Ausland arbeiten. Im Durchschnitt waren es 134 Kinder/Jugendliche, die im Untersuchungszeitraum nicht in der Obhut mindestens eines Elternteils aufwuchsen, vgl. dazu Abbildung 3.

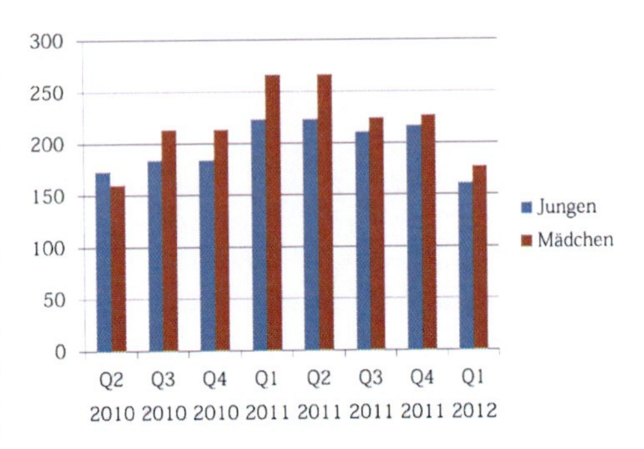

Abbildung 2: Anzahl der Kinder mit migrierten Eltern im Zeitraum 2010–2012 nach Geschlecht.

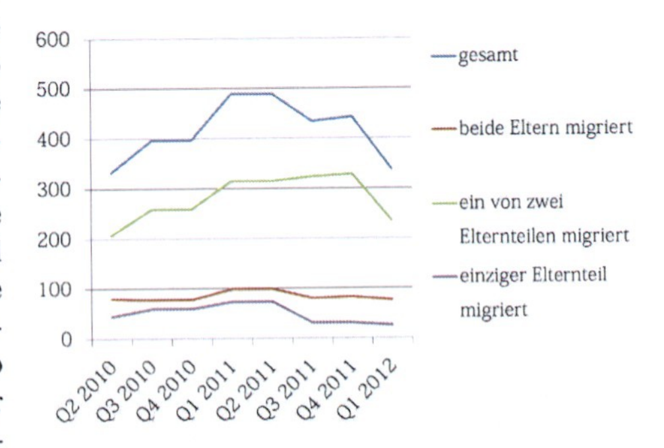

Abbildung 3: Art der elterlichen Migration im Zeitraum 2010–2012.

[218] Lediglich im ersten Quartal des Jahres 2010 kamen mehr Jungen als Mädchen aus transnationalen Familien.

[219] Dies wird hier nicht unterschieden.

Für das erste Quartal 2013 konnte ich umfassenderes Datenmaterial erhalten,[220] sodass die im Folgenden vorgestellten Daten etwas detaillierter als für den Untersuchungszeitraum 2010-2012 sind. Gleichzeitig bleiben die folgenden Zahlen unvollständig, insofern sie ausschließlich die Situation von Schülern und Schülerinnen der städtischen Gesamtschulen (Klassenstufen 1 bis 8) wiedergeben. In Dorohoi gibt es sechs solcher Schulen. Die von ihnen gelieferten Daten sind Grundlage der folgenden Untersuchung.

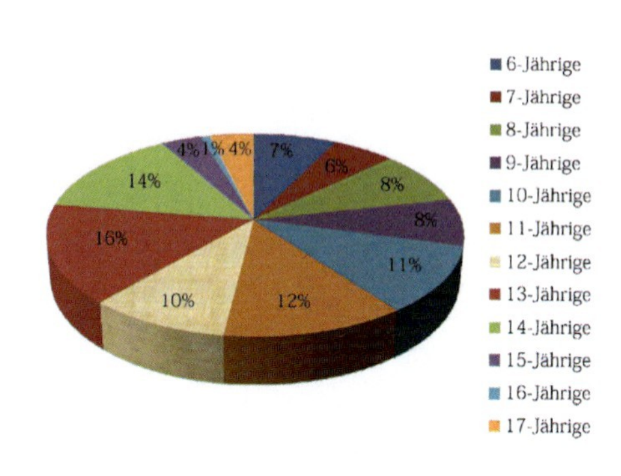

Abbildung 4: Gesamtschüler aus transnationalen Familien nach Alter im ersten Quartal 2013.

Zunächst lässt sich bei einer Gesamtzahl von 356 Schülern und Schülerinnen, deren Familiensituation transnationalen Charakter hat, eine etwas detailliertere Altersverteilung darstellen. Über die Hälfte der Kinder aus transnationalen Familien sind 10 bis 14 Jahre alt. Die größte Gruppe ist die der 13-Jährigen; 56 von ihnen haben migrierte Eltern. Am seltensten kommen die 16-Jährigen aus transnationalen Familien, vgl. dazu Abbildung 4. Die geringe Zahl ergibt sich aber möglicherweise auch aus der Tatsache, dass sie auch nur einen sehr geringen Anteil an der Schülerzahl an Gesamtschulen ausmachen; die meisten Jugendlichen besuchen in diesem Alter schon das Lyzeum (Klassenstufen 9 bis 12).

In Dorohoi kommen im ersten Quartal diesen Jahres 177 Gesamtschüler und 179 Gesamtschülerinnen aus transnationalen Familien. Der Anteil der Jungen liegt an nahezu jeder Schule bei circa 50 %. Lediglich an der Schule Nr. 5 sind ungefähr doppelt so viele Jungen ($n = 45$) von elterlicher Migration betroffen wie Mädchen ($n = 22$). In zwei weiteren Schulen ist der Anteil der Jungen mit nur knapp über 40 % niedriger als der Gesamtdurchschnitt.

Wer von den Eltern migriert ist, lässt sich ebenfalls genauer sagen als für den Zeitraum 2010-2012. Der überwiegende Teil der Jungen und Mädchen hat migrierte Väter. Von immerhin knapp einem Drittel der Gesamtschüler/-schülerinnen befinden sich die Mütter zur Arbeit außer Landes. An vier der sechs Gesamtschulen liegt bei Kindern aus transnationalen Familien der Anteil der migrierten Mütter sogar höher als der der Väter, obwohl letztere die Mehrheit migrierter Elternteile stellen. Die wenigsten Schulkinder kommen aus Familien,

[220] Vgl. dazu **Tabelle 4** im Anhang, S. VII in dieser Arbeit.

wo *beide* Elternteile sich im Ausland befinden. Dies ist bei 72 Gesamtschülern und -schülerinnen in Dorohoi der Fall, vgl. dazu Abbildung 5.

Abschließend seien Zahlen zum Verbleib der Kinder und Jugendlichen präsentiert, deren Eltern sich im Ausland befinden. Die meisten der 356 Dorohoier Schüler und Schülerinnen aus transnationalen Familien leben bei ihrer Mutter (41,3 %) oder bei den Großeltern (29,6 %). Weniger als ein Fünftel befindet sich in der Obhut des Vaters. Der Anteil von Kindern, die anderswo untergebracht sind (Freunde, Verwandte, Internate), liegt bei 11,5 % . Betrachtet man die Schulen, so ist der Anteil von Kindern, die bei ihrer Mutter leben, in der Schule Nr. 7 und in der Schule Nr. 8 wesentlich höher als in den anderen Schulen (50 % und 60 %). In Schule Nr. 2 und Schule Nr. 5 sind jeweils 25 Kinder/Jugendliche bei ihren Großeltern untergebracht. Sie stellen in beiden Gesamtschulen gemessen an der Art der Unterbringung die größte Gruppe dar, vgl. dazu Abbildung 6.

Alle Interviewpartner und -partnerinnen sprechen von *„sehr vielen“* Kindern, deren Eltern migriert seien.[221] Popa benennt eine Zahl von 493 Kindern und Jugendlichen, die aktuell in Dorohoi in transnationalen Familienverhältnissen lebten. Zu den von mir untersuchten 356 Fällen von Gesamtschülern und -schülerinnen mit migrierten Eltern kommt also eine Gruppe von 137 Kindern/Jugendlichen aus anderen Schulen und Kindergärten hinzu. Dabei sind keine Angaben für die Altersgruppe der 0- bis 2-Jährigen enthalten.[222] Insgesamt ist demnach in der ersten Jahreshälfte 2013 von circa 550 Kindern und Jugendlichen auszugehen, deren Eltern migriert sind.

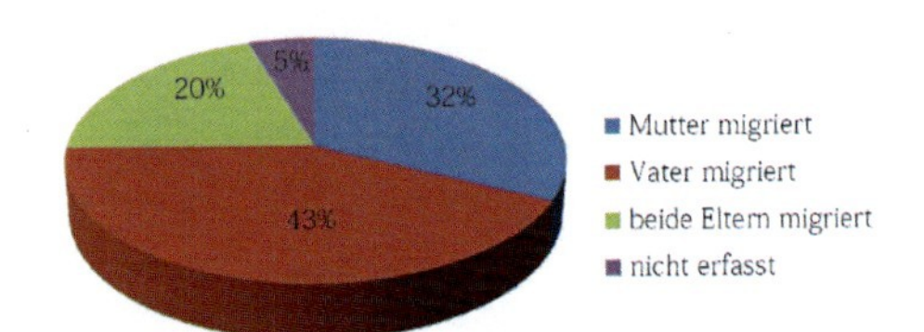

Abbildung 5: Gesamtschüler aus transnationalen Familien nach migriertem Elternteil im ersten Quartal 2013.

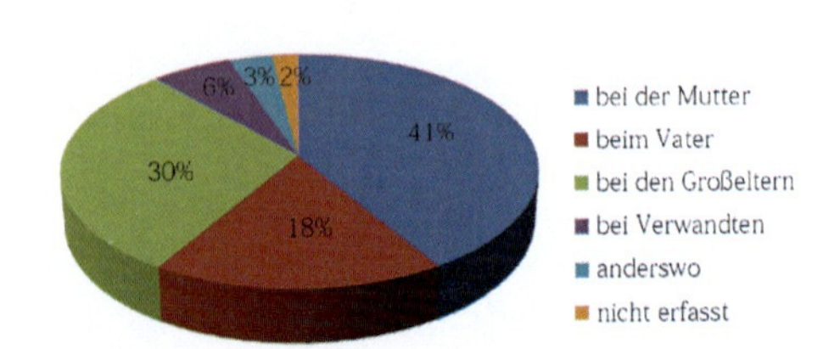

Abbildung 6: Gesamtschüler aus transnationalen Familien nach Unterbringung im ersten Quartal 2013.

[221] Vgl. Popa/Mitrofan: Kinder und Familien in Dorohoi, wo Eltern(-teile) im Ausland arbeiten (wie Anm. 119), S. 23 und Tudorescu: Kinder und Familien in Dorohoi, wo Eltern(-teile) im Ausland arbeiten. Teil 1 (wie Anm. 132), S. 2.

[222] Vgl. Popa/Mitrofan: Kinder und Familien in Dorohoi, wo Eltern(-teile) im Ausland arbeiten (wie Anm. 119), S. 45.

Dass auch diese Schätzung nicht *alle* Kinder erfasst, deren Mutter und/oder Vater im Ausland ist/sind, wird anhand der Tatsache offensichtlich, dass nur diejenigen in den Listen vermerkt sind, deren Eltern *dauerhaft* migriert sind.[223] In den vierteljährlich von den Schulen erstellten Listen tauchen nur jene Kinder auf, deren Eltern länger[224] abwesend sind. Von Kurzzeitmigration Betroffene werden nicht erfasst.[225] Zusätzlich ist hier besonders wahrscheinlich, dass die Akteure/Akteurinnen dies nicht behördlich melden. Tudorescu spricht für die Schule Nr. 5, wo er hauptsächlich tätig ist, von einer wesentlich höheren Zahl als den in der Liste vermerkten 67 Fällen: *„[...] über 150 von 600 und noch etwas Kindern [...] Etwas über 150 haben ein oder beide Elternteile im Ausland über einen längeren oder kürzeren Zeitraum [...] über 100 bin ich sicher [...]“.*[226] Tudorescu kann lediglich vermuten, dass die Gesamtzahl der von elterlicher Migration Betroffenen höher ist. Es kann also grundsätzlich nochmals von einer Dunkelziffer ausgegangen werden. Ob sie wirklich bei bis zu über 100 % der Fälle liegt, wie dies Tudorescus Zahlen zeigen, ist dabei aber nicht sicher zu sagen.

4.3.3 Qualitativer Befund – Chancen und Risiken

Die Lebenssituation von Kindern und Jugendlichen aus transnationalen Familien zu rekonstruieren, ist nicht leicht. Neben juristischen, technischen, gesellschaftlichen, schulischen und finanziellen Aspekten sind auch emotionale, psychische und soziale zu bedenken. Dabei ist die Verflechtung der Phänomene von Fall zu Fall verschieden. Eine vollständige Analyse der Situation der von elterlicher Migration betroffenen Kinder und Jugendlichen in Dorohoi ist im Rahmen dieser Arbeit nicht möglich. Vielmehr sollen Kernaspekte benannt werden, die möglicherweise zu weiteren Untersuchungen anregen.

Zunächst zeigt sich, dass die meisten Kindern keineswegs verlassen sind. Sie sind also nicht etwa „Waisen“, wie mancherorts behauptet wird. Auch Kinder mit migrierten Eltern leben in Familien. Diese sind in den meisten Fällen ähnlich strukturiert wie Familien mit alleinerziehenden Eltern. Geht der Vater ins Ausland, bleiben die Kindern bei der Mutter – oder umgekehrt. Das ist der Normalfall.

---

[223] Vgl. TUDORESCU: Kinder und Familien in Dorohoi, wo Eltern(-teile) im Ausland arbeiten. Teil 1 (wie Anm. 132), 2f.

[224] Was genau ein „längerer“ Zeitraum ist, bleibt offen. Die Aussagen von Popa geben Anlass zu der Vermutung, dass ein Auslandsaufenthalt über drei Monaten als „länger“ gilt, vgl. POPA/MITROFAN: Kinder und Familien in Dorohoi, wo Eltern(-teile) im Ausland arbeiten (wie Anm. 119), S. 4.

[225] Die gesetzlich vorgesehene vierteljährliche Berichterstattung an die Sozialassistenz-Direktion fragt nicht danach, ob ein Kind im betreffenden Zeitraum je von Migration betroffen *war*, sondern fragt nur danach, ob ein Kind zum Erhebungszeitpunkt betroffen *ist*. So ist es möglich, dass transnationale Familiensituationen gar nicht erfasst werden, weil die Eltern *zwischen* den beiden Erhebungszeitpunkten aus- und wieder eingereist sind. Je höher der Anteil von Kurzzeitmigrationen – Popa deutet an, dass er relativ hoch sein dürfte (vgl. ebd., S. 2) – desto wahrscheinlicher, dass viele von Migration betroffenen Familien nicht erfasst werden.

[226] TUDORESCU: Kinder und Familien in Dorohoi, wo Eltern(-teile) im Ausland arbeiten. Teil 1 (wie Anm. 132), S. 2.

Popa beschreibt daneben eine Situation, wo sich in einer monoparentalen Familie die Mutter und die Großmutter abwechselnd um Pflege und Erziehung des Kindes kümmern: *„[...] Jetzt haben wir ein Kind [in unserem Tageszentrum, J.V.], wo die Mutter für drei Monate weggeht. Kommt die Mutter zurück, geht die Oma im Tausch, kommt sie zurück, geht wieder die Mutter [...]“.*[227] Hier scheint sich eine neue Familienform zu etablieren. Man könnte von einer Art *flexiblen Familie* sprechen. Sie ist sowohl flexibel, was die Bezugspersonen angeht, als auch bezüglich der Präsenz der Erziehenden.

Inwiefern allerdings der permanente Wechsel von Bezugspersonen im letztgenannten und die zeitweiligen Besuche des migrierten Elternteils in den häufigen Fällen, in denen ein Elternteil von beiden im Ausland arbeitet, eine psychische Belastung für das Kind, beziehungsweise den Jugendlichen darstellen, lässt sich nicht genau abschätzen. Was Tudorescu in seiner Praxis beobachtet, sind viele Fälle, in denen es zu Entwicklungsverzögerungen kommt. Besonders häufig seien verzögerte Sprachentwicklung oder Regressionen. *„[...] Und ich habe auch hier an der Schule Kinder, deren schulische Leistungen sehr stark nachgelassen haben [...]“.*[228] Der Beratungslehrer spricht von „emotionalen Frustrationen“, mit denen Kinder in transnationalen Familien oft zu kämpfen hätten.
Wichtig ist ihm eine differenzierte Sicht: jedes Kind empfinde die Migration seiner Eltern auf individuelle Weise. Ähnlich sieht es auch Popa, wenn sie Verhaltensänderungen als Reaktion auf die Ausreise der Eltern beschreibt: *„[...] Jedes Kind reagiert abhängig von seinem Temperament, seiner Persönlichkeit; jedes reagiert anders. Es gibt Kinder, die die Trennung von der Mutter für so lange Zeit sehr schwer verkraftet haben und es sind Veränderungen im Verhalten aufgetreten [...]“.*[229]

Viele Kinder wachsen bei ihren Großeltern auf. Dies ist zuerst als Chance zu würdigen, insofern die Migrierenden hier auf Ressourcen der erweiterten Familie zurückgreifen. Die Delegation der Reproduktionsarbeit an die Großmütter setzt Mütter und/oder Väter frei, die Existenz der Familie durch Arbeit im Ausland zu sichern. Kinder, die bei ihren Großeltern leben, würden von ihnen aber weniger streng erzogen, sagt Popa. Die Regeln seien lockerer.[230] Bei den Großeltern untergebracht zu sein, bringe für viele Schüler/Schülerinnen auch das Problem mit sich, dass diese ihnen nicht bei den Hausaufgaben[231] helfen könnten.[232]

Jugendliche, deren Eltern im Ausland arbeiten, sind auf technische Hilfsmittel

---

227 Popa/Mitrofan: Kinder und Familien in Dorohoi, wo Eltern(-teile) im Ausland arbeiten (wie Anm. 119), S. 4.

228 Tudorescu: Kinder und Familien in Dorohoi, wo Eltern(-teile) im Ausland arbeiten. Teil 1 (wie Anm. 132), S. 7.

229 Popa/Mitrofan: Kinder und Familien in Dorohoi, wo Eltern(-teile) im Ausland arbeiten (wie Anm. 119), S. 33.

230 Vgl. ebd., S. 22.

231 In Rumänien sind Schüler in enormem Maße auf Unterstützung bei den Hausaufgaben angewiesen, da diese oft sehr umfangreich sind und schwierigen Lernstoff enthalten können; das Lernpensum ist in Rumänien im Vergleich zu Deutschland wesentlich höher.

232 Vgl. Popa/Mitrofan: Kinder und Familien in Dorohoi, wo Eltern(-teile) im Ausland arbeiten (wie Anm. 119), S. 16.

angewiesen, damit sie mit ihnen in Kontakt bleiben können. *„[...] Wenn Sie in Häuser kommen, wo die Eltern ins Ausland gegangen sind, werden Sie überall Computer mit Video-Kamera und installiertem Skype finden, weil das die Trennung wirklich erleichtert [...]“.*[233] Auch Tudorescu benennt Telefon und Skype als die häufigsten Kommunikationsmittel.[234] Manche hätten auf dieses Weise täglich Kontakt zum Elternteil oder zu den Eltern im Ausland.
„Aber es deckt nicht alle Bedürfnisse ab“,[235] sagt Popa. Ein Kind brauche auch eine Umarmung, ein „Gute Nacht!“ und Ermutigung. Selbst wenn es in die Kamera gesprochen werde, habe das Kind das Bedürfnis, es auch zu spüren. Ganz Ähnliches spricht Tudorescu an: *„[...] Die Kommunikation über Telefon und Skype löst das Problem nicht. Selbst wenn das Kind täglich mit dem Elternteil Kontakt hat, ihn sogar sieht, der Rechner ist nicht das Gleiche [...] beim Kind zu bleiben, abends zusammen einzuschlafen [...] Viele Großeltern sagen mir, dass besonders abends die Kinder weinten [...] Dann aktualisiert sich das Fehlen des Elternteils. Es gibt keinen, der ihm ‚Gute Nacht!‘ sagt [...]“.*[236] Die Kommunikation per Skype ermöglicht es, die Illusion der Verbundenheit aufrechtzuerhalten. Trotz der Unmittelbarkeit der Kommunikation bleibt aber der Kontakt ein abstrakter. Es ist auch per Skype *nicht* möglich, seinem Gegenüber direkt in die Augen zu schauen;[237] es ist lediglich möglich, sein Gegenüber zu sehen.

Welche Chancen bietet die Arbeitsmigration von Rumäninnen und Rumänen für ihre Kinder? Wie bereits bei der Frage nach möglichen Motiven herausgearbeitet, ist eine gute Ausbildung eher finanzierbar, wenn die Ressource Arbeit im Ausland genutzt wird. Die Interviewpartner reagieren aber eher zurückhaltend, wenn sie explizit danach gefragt werden, welche *Vorteile* die Migration haben kann. Ja, die finanziellen Mittel seien ein Vorteil, räumt Popa ein.[238] Weitere Vorteile benennt sie nicht. Sie resümiert insgesamt karg, es gebe *„[...] auch Vorteile, auch Nachteile“[...].*[239] Auch Tudorescu reagiert ähnlich.[240]
Die überwiesenen Gelder ließen auch neue soziale Ungleichheiten entstehen, nämlich zwischen transnationalen und nicht-transnationalen Familien. So berichtet Popa von Fällen, wo Schüler und Schülerinnen am Lyzeum einen höheren

[233] Popa/Mitrofan: Kinder und Familien in Dorohoi, wo Eltern(-teile) im Ausland arbeiten (wie Anm. 119), S. 27.

[234] Vgl. Tudorescu: Kinder und Familien in Dorohoi, wo Eltern(-teile) im Ausland arbeiten. Teil 2 (wie Anm. 124), S. 28.

[235] Popa/Mitrofan: Kinder und Familien in Dorohoi, wo Eltern(-teile) im Ausland arbeiten (wie Anm. 119), 27f.

[236] Tudorescu: Kinder und Familien in Dorohoi, wo Eltern(-teile) im Ausland arbeiten. Teil 2 (wie Anm. 124), S. 28.

[237] Es wäre interessant zu untersuchen, inwiefern soziale Beziehungen über den Augenkontakt aufgebaut und aufrechterhalten werden, beziehungsweise inwieweit Beziehungen auf *direkten* Augenkontakt angewiesen sind.

[238] Vgl. Popa/Mitrofan: Kinder und Familien in Dorohoi, wo Eltern(-teile) im Ausland arbeiten (wie Anm. 119), S. 41.

[239] Ebd., S. 40.

[240] Tudorescu: Kinder und Familien in Dorohoi, wo Eltern(-teile) im Ausland arbeiten. Teil 1 (wie Anm. 132), S. 34.

Lebensstandard als ihre Lehrer gehabt und dies über ihre Kleidung auch gezeigt hätten. *„[...] Es kam soweit, dass du nicht mehr wusstest, wer ist Lehrer und wer ist Schüler [...]“.*[241] Daher sei sie froh, dass es jetzt Schuluniformen gebe; die nivellierten die ökonomischen Unterschiede – auch zwischen den Schülerinnen und Schülern.

Kinder aus transnationalen Familien erleben die Transnationalisierung der Beziehung zu ihren Eltern meist als psychische Belastung.[242] Die Interviewten bringen überwiegend negative Auswirkungen – wie etwa Lernprobleme, Entwicklungsverzögerungen, Stressreaktionen, Introversion, Deliquenz, Schulabsentismus, Depressionen oder gar Suizidversuche – zur Sprache. Kinder mit migrierten Eltern stellten eine Risikogruppe dar. Das Risiko, in kriminelle Gruppen zu geraten, Drogen zu konsumieren, sich zu prostituieren oder zur Prostitution gezwungen zu werden, aber auch das Risiko, Opfer von Kinderhandel zu werden, sei um ein Vielfaches höher. Dies sind Risiken, die dann auftreten, wenn Kinder/Jugendliche vernachlässigt werden, beziehungsweise von Verwahrlosung bedroht sind. Jedoch kann die Migration der Eltern nicht per se so gedeutet werden, als führe sie zwangsläufig zur Deprivation der zurückbleibenden Kinder. Wie sich herausstellte sind die wenigsten Kinder ohne Ansprech- und Fürsorgepersonen. Daher sind Szenarien wie obrige als sehr selten einzuschätzen.

In transnationalen Familien sind trotz Gefährdungen und Erschwernissen auch positive Effekte beobachtbar. Diese hat unter anderem Velniceriu herausgearbeitet.[243] So lernten Jugendliche, die für jüngere Geschwister sorgen müssten, Verantwortung zu übernehmen, Kinder aus transnationalen Familien seien insgesamt früher selbständig (Umgang mit Geld und Zeit) und die Besuche im Ausland hätten auch einen Lerneffekt, insofern das Kind oder der/die Jugendliche auch *„[...] etwas anderes gesehen [hat, J. V.] als das, was hier ist [...]“*,[244] wie es Popa ausdrückt. Einen positiven Einfluss auf die Kinder dürfte es außerdem haben, wenn ihre vorher arbeitslosen oder unterbezahlten Eltern – besonders ihre Mütter – mit einem gestärkten Selbstbewusstsein von der Arbeit im Ausland zurückkommen. Nicht zuletzt müssen die positiven Einflüsse der Rücküberweisungen benannt werden. In manchen Familien werden sie zur Etablierung eines gewissen Luxus (zum Beispiel eigenes Haus) genutzt, in vielen tragen sie dazu bei, dass Lernmaterialien, Lebensmittel, Medikamente, Transportkosten und viele weitere Güter in ausreichendem Maß angeschafft werden können.

---

241 Popa/Mitrofan: Kinder und Familien in Dorohoi, wo Eltern(-teile) im Ausland arbeiten (wie Anm. 119), S. 42.

242 Der Verlust sozialer Kontinuität wird u.a. bei Herwartz-Emden als familienbiografisch bedeutsame, psychosoziale Belastung für das Kind beschrieben, vgl. Hamburger/Hummrich: Familie und Migration (wie Anm. 19), S. 118.

243 Vgl. Velniceriu: Fenomenul migranţiilor externe şi asistenţă socială a copiilor rămaşi „singur acasă“ (wie Anm. 170).

244 Popa/Mitrofan: Kinder und Familien in Dorohoi, wo Eltern(-teile) im Ausland arbeiten (wie Anm. 119), S. 30.

5 Fazit

Die Situation von Kindern und Jugendlichen in Dorohoi, die in transnationalen Familien aufwachsen, ist für sie zunächst eine Situation, mit der sie konfrontiert sind, ohne dass sie daran etwas ändern können. Die Eltern haben entschieden, für eine Arbeitsstelle das Land zu verlassen. Sie begründen ihr Wanderungsvorhaben mit der Zukunft ihrer Kinder. „Ich mache das zu *deinem* Wohl", hören viele Kinder von ihren Eltern. Wie gehen sie mit dieser Situation um? Was macht ihre Lage so besonders?

Im Rahmen dieser Arbeit kann nur vorläufig eine Aussage dazu getroffen werden. Skizzenhaft sollen die Beobachtungen im Folgenden zusammengefasst und diskutiert werden.

5.1 Zusammenfassung und Diskussion der Ergebnisse

Momentan ist von schätzungsweise 550 Kindern und Jugendlichen auszugehen, deren Eltern aus Dorohoi weggegangen sind, um im Ausland zu arbeiten.[245] Wenn derzeit 356 Schüler und Schülerinnen an Gesamtschulen migrierte Eltern haben (mindestens ein Elternteil),[246] dann beläuft sich die Zahl der Eltern im Ausland auf 428–445.[247] Wenn man dieses Zahlenverhältnis zugrundelegt für die geschätzte Gesamtzahl von 550 Kindern/Jugendlichen, dann kann für Dorohoi die Anzahl der Migranten und Migrantinnen, die Eltern sind, auf 663–678 beziffert werden. Bei einer Gesamteinwohnerzahl von 22.600 entspricht dies einem Anteil von ungefähr drei Prozent.[248]

Der relativ kurze Beobachtungszeitraum (von 2010 bis 2013) erlaubt es nicht, Aussagen über Tendenzen zu machen. Ob sich Menschen zur Migration entscheiden, lässt sich außerdem nur begrenzt anhand objektiver Daten wie etwa dem monatlichen Durchschnittseinkommen, der Arbeitslosenquote oder der Inflationsrate ermessen und damit vorhersagen. Ebenso ist es der Grad der Unzufriedenheit mit den Lebensumständen oder Arbeitsbedingungen, mit den Bildungs- und Teilhabechancen, der Einfluss darauf hat, ob oder wann sich jemand zur Migration entscheidet. Dieses autonome Moment der Migration[249] spiegelt sich auch wieder in den Ergebnissen der qualitativen Untersuchung.

Dort stellte sich eine Ambivalenz heraus, die den Migrationsprozess selbst betrifft. Waren die meisten Eltern zeitweilig ins Ausland gegangen, um sich und

[245] Vgl. S. 40 dieser Arbeit.

[246] Vgl. S. 39 dieser Arbeit.

[247] Die Ungenauigkeit ergibt sich aus den 17 Fällen, wo nicht klar ist, wer von den Eltern im Ausland war/ist.

[248] Letzte verfügbare Daten vom Jahr 2011, vgl. Botoşani News: Date provisorii ale recensământului populaţiei: Judeţul Botoşani numără 398.938 persoane, Pressemeldung, 2012, URL: `http://botosaninews.ro/87190/general/top-stiri/date-provizorii-ale-recensamantului-populatiei-judetul-botosani-numara-398-938-persoane/` (letzter Zugriff am 27.06.2013).

[249] Vgl. dazu Bojadzijews/Karakayalis Konzept der Autonomie der Migration, vgl. Bojadzijew/Karakayali: Autonomie der Migration (wie Anm. 28).

ihren Familien in der Heimat eine bessere Zukunft zu ermöglichen, so haben die Erfahrungen in der Fremde (Lebensstandard, Karrieremöglichkeiten) bei vielen dazu geführt, dass sie Rumänien endgültig den Rücken kehren. Vor diesem Kontext rückt das Phänomen transnationaler Familien in ein neues Licht. Handelt es sich bei ihnen also um eine vorübergehende Erscheinung? Transnationale Familien sind Familien auf dem Weg. Wo dieser Weg endet, lässt sich nicht von vornherein und nicht von außen sagen. Die Erfahrungen zeigen bisher, dass er in einer neuen Heimat enden kann oder in der alten, oder dass er ein andauernder bleibt. Mit dieser Offenheit der Zukunft müssen Familien mit migrierten Teilen umgehen.

Aus erziehungswissenschaftlicher Sicht sind Fragen nach dem Wohl der Kinder/Jugendlichen in transnationalen Familien relevant. Diese Fragen lassen sich jedoch nicht isoliert von den Bedingungsfaktoren stellen, die zu betreffender Situation beigetragen haben. Diese Faktoren sind ernstzunehmen, da sie möglicherweise auch als Migrationsgründe für die Jugendlichen selbst in Frage kommen. In den Interviews zeigte sich, dass viele Kinder migrierter Eltern die Arbeit im Ausland ebenfalls als zukünftige Option sehen. Inwiefern generiert die Erfahrung von Transnationalität selbst wieder den Wunsch nach Migration? Hier schließen sich also auch Fragen nach dem Modellcharakter an, den elterliche Migration möglicherweise für die Kinder haben kann.

5.2 Perspektiven

Die Rückfrage nach den Bedingungsfaktoren führt auch zu einer kritischen Haltung gegenüber der Ansicht, es müssten mehr Hilfen für Kinder aus transnationalen Familien geschaffen werden. Das Bewusstsein über die risikoreiche Lage, in der sich jene Kinder befinden, ist wichtig und der Ausbau von Angeboten der sozialen wie psychologischen Assistenz notwendig. Es geht allerdings darum, die *weiteren* Fragen zu klären; weiter im räumlichen und im zeitlichen Sinne. Weiterdenken oder weiter denken heißt im räumlichen Sinne, europäischer zu denken. Im zeitlichen bedeutet es, zukunftsorientierter zu denken.

Welche Lösungsansätze sind zu diskutieren? Mappes-Niediek schlägt gezielte Strukturförderung und gezielte soziale Hilfen für Regionen wie Dorohoi vor; in Osteuropa sei ein großes Infrastrukturprogramm notwendig.[250] Damit packt er das Problem an der Wurzel. Auch ein Interviewpartner in Dorohoi argumentiert in diese Richtung:

> *„[...] Alle diese Programme, die Projekte, die es gibt, können nicht effizient sein außer in dem Fall, wo sie auch unterstützt werden durch die Schaffung von Arbeitsplätzen, dass die Eltern dazu gebracht werden, zu bleiben [...]*

[250] Vgl. Mappes-Niediek: Die Situation der Roma in Südosteuropa als gesamteuropäische Herausforderung (wie Anm. 10).

denn wenn immer mehr gehen, wird sich das Phänomen [transnationaler Familien, J. V.] verstetigen [...]".[251]

Ähnliches wie für die Installation von pädagogischen und psychologischen Hilfsangeboten gilt auch für die pädagogische Forschung. Eine erziehungswissenschaftliche Migrations- und Transnationalitätsforschung darf sich nicht mit dem engeren Untersuchungsgegenstand begnügen, sondern muss zu weiteren kritischen Rückfragen führen. Welche politischen, historischen und gesellschaftlichen Einflüsse gilt es mitzudenken?
Der Bedarf an Forschung lässt sich schwer überblicken. Denkbar und wünschenswert sind im Falle Rumäniens unter anderem Langzeitstudien zu der Frage, welchen Einfluss die elterliche Migration auf die eigene Zukunftsgestaltung von Jugendlichen hat, zur Frage, wie sich landesweit die Zahlen transnationaler Familien entwickeln oder zu der Frage, welche soziokulturellen Einflüsse die Transmigration breiter Bevölkerungsteile auf Rumäniens Gesellschaft hat.
Eine Interviewpartnerin in Dorohoi sieht das Phänomen der *Re*-Migration bisher als zu wenig untersucht an.[252] Mit welchen Erschwernissen müssen Familien zurechtkommen, die *wieder* zusammenleben? Welche Bedürfnisse haben Kinder und Jugendliche, die von den Eltern ins Ausland nachgeholt wurden, sich dort aber nicht einleben konnten und nun zurückgekehrt sind nach Rumänien?

Diese Arbeit beantwortet wenige Fragen, wirft aber umso mehr auf. Vielleicht kann sie dennoch dazu beitragen, nach den tieferliegenden Ursachen und Beweggründen von Menschen zu fragen, die ihre Heimat Rumänien verlassen, um im Ausland (besser-) bezahlte Arbeit zu finden. Vielleicht kann der Blick geöffnet werden für neue – auch ungewöhnliche – Lebensentwürfe und ein Standpunkt gefunden werden, der die (Arbeits-)Migration würdigt, ohne sie zu romantisieren und der die Leidtragenden benennt, ohne sie zu viktimisieren. Vielleicht bergen die erkannten und ausgeführten Zusammenhänge schon Lösungsansätze, die mit politischem Willen und zivilisatorischem Mut anzupacken sind. Das ist zu wünschen.

[251] Tudorescu: Kinder und Familien in Dorohoi, wo Eltern(-teile) im Ausland arbeiten. Teil 1 (wie Anm. 132), 26f.

[252] Vgl. Popa/Mitrofan: Kinder und Familien in Dorohoi, wo Eltern(-teile) im Ausland arbeiten (wie Anm. 119), 19f.

Anhang

Member States		Workers from Bulgaria and Romania
EU-25	Belgium	Restrictions with simplifications
	Czech Republic	Free access - national law (1.1.2007)
	Denmark	Free access (1.5.2009)
	Germany	Restrictions with simplifications*
	Estonia	Free access (1.1.2007)
	Ireland	Restrictions
	Greece	Free access (1.1.2009)
	Spain	Free access (1.1.2009) Restrictions for workers from Romania (22.07.2011)
	France	Restrictions with simplifications
	Italy	Restrictions with simplifications
	Cyprus	Free access (1.1.2007)
	Latvia	Free access (1.1.2007)
	Lithuania	Free access (1.1.2007)
	Luxembourg	Restrictions with simplifications
	Hungary	Free access (1.1.2009)
	Malta	Restrictions
	Netherlands	Restrictions with simplifications
	Austria	Restrictions with simplifications*
	Poland	Free access (1.1.2007)
	Portugal	Free access (1.1.2009)
	Slovenia	Free access (1.1.2007)
	Slovakia	Free access (1.1.2007)
	Finland	Free access (1.1.2007)
	Sweden	Free access (1.1.2007)
	United Kingdom	Restrictions

Abbildung 7: Übersicht über Arbeitsmarktrestriktionen der EU-25-Staaten für EU-Bürger aus Rumänien und Bulgarien.
Quelle: European Commission: Report from the Commission to the Council on the Functioning of the Transitional Arrangements on Free Movement of Workers from Bulgaria and Romania, 2011, S. 4, vgl. genauere Quellenangabe im Literaturverzeichnis, S. XV in dieser Arbeit.

Abbildung 8: Das noch im Bau befindliche Tageszentrum für Kinder und Jugendliche mit Behinderungen (Dorohoi, März 2013).

Abbildung 9: Projektexposé für das Tageszentrum in Dorohoi (März 2013).

Abbildung 10: Filiale des Busunternehmens „Atlassib" im Stadtzentrum von Dorohoi (März 2013).

Abbildung 11: Filiale des Busunternehmens „Tarsin“ im Stadtzentrum von Dorohoi (März 2013).

Abbildung 12: Abfahrt einer transeuropäischen Buslinie nach Italien (Dorohoi, März 2013).

Abbildung 13: „Sende 100 EUR mit 4,90 EUR Kommission. Jetzt bezahlst du weniger. Angebot für Rumänien und Moldawien. Wenn du einen schnellen Geldtransfer brauchst, schicke 100 EUR mit 5,90 EUR Kommission". Western-Union-Werbung in rumänischer Sprache in einer U-Bahn-Station in Rom, Italien (Januar 2013).

Abbildung 14: Das Tageszentrum „Jurjac" in Dorohoi (März 2013).

Abbildung 15: Eingangsbereich der Schule Nr. 5 „Spiru Haret“ in Dorohoi (März 2013).

Zeitraum	Q2 2010	Q3 2010	Q4 2010	Q1 2011	Q2 2011	Q3 2011	Q4 2011	Q1 2012
Gesamtzahl Kinder mit migrierten Eltern	333	397	397	489	489	435	443	338
betroffene Jungen	173	184	184	223	223	211	217	161
betroffene Mädchen	160	213	213	266	266	224	226	177
0- bis 2-Jährige	3	3	3	4	4	5	5	0
3- bis 6-Jährige	87	44	44	52	52	49	49	32
7- bis 9-Jährige	58	59	59	81	81	72	72	63
10- bis 13-Jährige	76	87	87	127	127	141	141	119
14- bis 17-Jährige	109	209	204	225	225	168	176	124
beide Eltern migriert	80	77	77	99	99	80	82	76
ein Elternteil migriert	208	260	260	316	316	324	330	236
einziger Elternteil migriert	45	60	60	74	74	31	31	26

Tabelle 3: Kinder und Jugendliche in Dorohoi, deren Eltern sich zur Arbeit im Ausland befinden im Zeitraum 2010–2012.

Schule	Nr. 1	Nr. 2	Nr. 4	Nr. 5	Nr. 7	Nr. 8	gesamt
Gesamtzahl Schüler, deren Eltern im Ausland sind	24	71	10	67	78	106	356
betroffene Jungen	12	36	6	45	30	48	177
betroffene Mädchen	12	35	4	22	48	58	179
6-Jährige	2	6	0	5	10	3	26
7-Jährige	3	4	0	2	7	4	20
8-Jährige	4	5	0	7	5	9	30
9-Jährige	2	4	0	2	7	12	27
10-Jährige	2	4	0	9	7	16	38
11-Jährige	3	10	1	8	4	18	44
12-Jährige	3	5	2	7	6	11	34
13-Jährige	4	6	1	16	13	16	56
14-Jährige	1	10	4	8	16	12	51
15-Jährige	0	4	1	3	2	3	13
16-Jährige	0	1	1	0	1	0	3
nicht erfasst	0	12	0	0	0	2	14
beide Eltern migriert	4	22	1	12	17	16	72
Mutter migriert	8	18	7	32	21	29	115
Vater migriert	12	15	2	23	39	61	152
nicht erfasst	0	16	0	0	1	0	17
bei Mutter lebend	12	13	2	20	39	61	147
bei Vater lebend	3	1	4	13	14	18	63
bei Großeltern lebend	9	25	3	25	20	22	105
bei anderen Verwandten lebend	0	5	1	9	4	3	22
anderswo lebend	0	11	0	0	0	1	12
nicht erfasst	0	6	0	0	1	0	7

Tabelle 4: Kinder und Jugendliche in Dorohoi, deren Eltern sich zur Arbeit im Ausland befinden im ersten Quartal 2013.

Tabellenverzeichnis

Abbildungsverzeichnis

Literatur

BADARAU, Domnita Oana: Brain Drain, in: Sana LOUE und Martha SAJATOVIC (Hrsg.): Encyclopedia of Immigrant Health, Springer US, 2012, S. 309–311, URL: http://dx.doi.org/10.1007/978-1-4419-5659-0_96.

BADINTER, Elisabeth: Der Konflikt. Die Frau und die Mutter, München: Deutscher Taschenbuch Verlag, 2010.

BALIBAR, Étienne: Kommunismus und (Staats-)Bürgerschaft. Überlegungen zur emanzipatorischen Politik, in: Alex DEMIROVIC (Hrsg.): Das Staatsverständnis Nicos Poulantzas, Baden-Baden: Nomos, 2010, S. 19–34.

BECK-GERNSHEIM, Elisabeth: Die Kinderfrage heute. Über Frauenleben, Kinderwunsch und Geburtenrückgang, München: Verlag C. H. Beck, 2006.

BEDÜRFTIG, Friedemann: Die aktuelle deutsche Rechtschreibung von A-Z. Ein umfassendes Nachschlagewerk des deutschen und eingedeutschten Sprachschatzes, Köln: Naumann & Göbel Verlagsgesellschaft mbH, 1996.

BOJADZIJEW, Manuela und Serhat KARAKAYALI: Autonomie der Migration. 10 Thesen zu einer Methode, in: Transit Migration FORSCHUNGSGRUPPE (Hrsg.): Turbulente Ränder, Bielefeld: Transcript Verlag, 2007, S. 203–210.

BÜRGIN, Dieter: Prävention und Frühintervention – Psychoanalytische und neurobiologische Überlegungen zur Verhinderung psychosozialer Desintegration, in: Marianne LEUZINGER-BOHLEBER, Yvonne BRANDL und Gerald HÜTHER (Hrsg.): ADHS – Frühprävention statt Medikalisierung. Theorie, Forschung, Kontroversen, Göttingen: Vandenhoeck & Ruprecht, 2006, S. 143–167.

CORTÉS, Rosalia: Children and Women Left Behind in Labour Sending Countries: An Appraisal of Social Riscs, Working Paper von UNICEF, New York, 2008, URL: http://www.childmigration.net/files/Rosalia_Cortes_07.pdf.

FLICK, Uwe: Qualitative Sozialforschung. Eine Einführung, 4. Aufl., Reinbek bei Hamburg: Rowohlt Taschenbuch Verlag, 2011.

FRANCK, Anja K. und Andrea SPEHAR: Women's labour migration in the context of globalisation, Brussels: WIDE, 2010, URL: http://www.ilo.org/public/libdoc/jobcrisis/download/Womens\%20labour\%20migration,\%20WIDE,\%20Oct\%202010.pdf.

GEISSLER, Frank: Transformation und Kooperation. Die ostmitteleuropäischen Systemumbrüche als kooperationspolitische Herausforderung der EG, 1. Aufl., Baden-Baden: Nomos Verlagsgesellschaft, 1995.

GEORGI, Fabian Alexander: Notizen zu einer Kritik der Migrationspolitik, Kurswechsel. Zeitschrift für gesellschafts-, wirtschafts- und umweltpolitische Alternativen, Heft 1/2013, 2013.

HAMBURGER, Franz und Merle HUMMRICH: Familie und Migration, in: Jutta ECARIUS (Hrsg.): Handbuch Familie, Wiesbaden: VS Verlag für Sozialwissenschaften, 2007, S. 112–134, URL: http://dx.doi.org/10.1007/978-3-531-90675-1_7.

HAN, Petrus: Frauen und Migration. Strukturelle Bedingungen, Fakten und soziale Folgen der Frauenmigration, Stuttgart: Lucius & Lucius, 2003.

HAN, Petrus: Soziologie der Migration. Erklärungsmodelle – Fakten – Politische Konsequenzen – Perspektiven, 2. Aufl., Stuttgart: Lucius & Lucius, 2005.

HARVEY, David: Der „neue“ Imperialismus: Akkumulation durch Enteignung, in: Sozialismus 2003, S. 1–32.

HAU, Rita: PONS Wörterbuch für Schule und Studium Latein – Deutsch, 3. Aufl., Köln: Ernst Klett Sprachen, 2003.

HIRSCH, Joachim: Materialistische Staatstheorie. Transformationsprozesse des kapitalistischen Staatensystems, Hamburg: VSA Verlag, 2005, S. 58–75.

HOCHSCHILD, Arlie Russel: The Nanny Chain, in: American Prospect 11.4 (2000), S. 32–36.

HONDAGNEU-SOTELO, Pierrette und Ernestine AVILA: „I'm here, but I'm there“. The Meanings of Latina Transnational Motherhood, in: Gender and Society 11.5 (1997), S. 548–571, URL: http://gas.sagepub.com/content/11/5/548.

HORVÁTH, István: Rumänien, in: Focus Migration 9 (2007), S. 1–10, URL: http://focus-migration.hwwi.de/typo3_upload/groups/3/focus_Migration_Publikationen/Laenderprofile/LP_09_Rumaenien.pdf.

IHLAU, Olaf und Walter MAYR: Minenfeld Balkan. Der unruhige Hinterhof Europas, München: Siedler Verlag, 2009, S. 251–266.

KAVEMANN, Barbara und Elfriede STEFFAN: Zehn Jahre Prostitutionsgesetz und die Kontroverse um die Auswirkungen, in: Aus Politik und Zeitgeschichte: Prostitution 9 (2013), S. 9–15.

KOPPE, Susanne: Sexarbeit zwischen patriarchaler Ausbeutung und emanzipatorischer Subversion, in: Nina DEGELE (Hrsg.): Gender/ Queer Studies. Eine Einführung, Paderborn: Verlag Wilhelm Fink, 2008, S. 181–193.

KÖSSLER, Reinhart: Globalisierung, internationale Migration und Begrenzungen ziviler Solidarität. Versuch über aktuelle Handlungsformen von Nationalstaaten, in: Ludger PRIES (Hrsg.): Transnationale Migration, 1. Aufl., Bd. 12 (Soziale Welt), Baden-Baden: NOMOS Verlagsgesellschaft, 1997.

LUTZ, Helma: Gender Mobil? Geschlecht und Migration in transnationalen Räumen, in: DIES. (Hrsg.): Gender Mobil? Geschlecht und Migration in transnationalen Räumen, 1. Aufl., Münster: Verlag Westfälisches Dampfboot, 2009, S. 8–26.

DIES.: Vom Weltmarkt in den Privathaushalt. Die ‚neuen Dienstmädchen' im Zeitalter der Globalisierung, URL: http://www.boell.de/demokratie/geschlechter/feminismus-geschlechterdemokratie-neue-dienstmaedchen-globalisierung-benachteiligung-weibliche-migranten-13957.html.

MATERIALIEN FÜR EINEN NEUEN ANTIIMPERIALISMUS, MA: Migration als soziale Bewegung. Vier Thesen, 1998, URL: http://www.materialien.org/texte/migration/4thesen.html.

MÜNZ, Rainer: Woher – wohin? Massenmigration im Europa des 20. Jahrhunderts, in: Ludger PRIES (Hrsg.): Transnationale Migration, 1. Aufl., Bd. 12 (Soziale Welt), Baden-Baden: NOMOS Verlagsgesellschaft, 1997.

MUNK, Veronica: Migration und Sexarbeit. Dilemmata der Illegalität, in: Osteuropa: Mythos Europa: Prostitution, Migration, Frauenhandel 56 (2006), S. 55–66.

OMWENYEKE, Sunny: Keine Romantisierung, bitte. „Autonomie der Migration“ im Streitgespräch, Karawane, 2004, URL: http://thecaravan.org/node/19.

PARREÑAS, Rhacel Salazar: Children of Global Migration. Transnational Families and Gendered Woes, Stanford/ California: Stanford University Press, 2005.

PATES, Rebecca und Daniel SCHMIDT: Die Verwaltung der Prostitution. Eine vergleichende Studie am Beispiel deutscher, polnischer und tschechischer Kommunen, Bielefeld: Transcript Verlag, 2009.

PHOENIX, Ann: Idealisierung emotionaler Bindung oder materielle Versorgung? Transnationale Mutterschaft und Kettenmigration, in: Helma LUTZ (Hrsg.): Gender Mobil? Geschlecht und Migration in transnationalen Räumen, 1. Aufl., Münster: Verlag Westfälisches Dampfboot, 2009, S. 86–101.

POTTS, Lydia: Weltmarkt für Arbeitskraft. Von der Kolonisation Amerikas bis zu den Migrationen der Gegenwart, 1. Aufl., Hamburg: Junius Verlag GmbH, 1988, S. 16–19, 241–269.

PRIES, Ludger: Neue Migration im transnationalen Raum, in: DERS. (Hrsg.): Transnationale Migration, 1. Aufl., Bd. 12 (Soziale Welt), Baden-Baden: NOMOS Verlagsgesellschaft, 1997.

RAMIN, Taghi: The brain drain from developing countries to developed countries, in: International Advances in Economic Research 1.1 (1995), S. 82, URL: http://dx.doi.org/10.1007/BF02295863.

ROHR, Elisabeth: Vorwort, in: Beatrice KUSTOR-HÜTTL (Hrsg.): Weibliche Strategien in der Resilienz. Bildungserfolg in der Migration, 1. Aufl., Frankfurt am Main: Brandes & Apsel Verlag, 2011.

ROHR, Elisabeth und Elin RAU: Transnationale Kindheit und die „care chain“-Debatte, in: Carmen BRIKLE (Hrsg.): Emanzipation und feministische Politiken. Verwicklungen, Verwerfungen, Verwandlungen, Reihe, 4. Aufl., Sulzbach/ Taunus: Ulrike Helmer Verlag, 2012.

SALAH, Mohamed Azzedine: The Impacts of Migration on Chidren in Moldova, UNICEF, 2008, URL: http://www.unicef.org/The_Impacts_of_Migration_on_Children_in_Moldova(1).pdf.

SARTI, Raffaella: The Globalisation of Domestic Service – An Historical Perspective, in: Helma LUTZ (Hrsg.): Migration and Domestic Work, Hampshire/ Burlington: Ashgate, 2008, Kap. 6, S. 77–97.

SCHILLER, Nina Glick, Linda BASCH und Cristina Szanton BLANC: From Immigrant to Transmigrant: Theorizing Transnational Migration, in: Ludger PRIES (Hrsg.): Transnationale Migration, 1. Aufl., Bd. 12 (Soziale Welt), Baden-Baden: NOMOS Verlagsgesellschaft, 1997.

SCHMACKPFEFFER, Petra: Das Verhältnis der neuen deutschen Frauenbewegung zur Prostitution, in: DERS. (Hrsg.): Frauenbewegung und Prostitution, Oldenburg: Universitätsdruck Oldenburg, 1989, S. 105–139.

SCHÖTTES, Martina und Annette TREIBEL: Frauen – Flucht – Migration. Wanderungsmotive von Frauen und Aufnahmesituation in Deutschland, in: Ludger PRIES (Hrsg.): Transnationale Migration, 1. Aufl., Bd. 12 (Soziale Welt), Baden-Baden: NOMOS Verlagsgesellschaft, 1997.

SPECHT, Barbara: Foreword, in: Women's labour migration in the context of globalisation, Brussels: WIDE, 2010, S. 3–4.

VASILE, Valentina: Romania: Restrictive wage policies alongside poor crisis management, in: International Labour ORGANIZATION (Hrsg.): The impact of the Crisis on Wages in South-East Europe, Schmidt, Verena und Vaughan-Whitehead, Daniel, 2011, S. 221–263, URL: `http://www.ilo.org/wcmsp5/groups/public/---europe/---ro-geneva/---sro-budapest/documents/publication/wcms_172434.pdf`.

VELNICERIU, Alina: Fenomenul migranţiilor externe şi asistenţă socială a copiilor rămaşi „singur acasă", Abschlussarbeit, 2009, Universitatea Alexandru Ioan Cuza, Iaşi, Rumänien.

WALCZAK, Bartłomiej: Economic, class and gender inequalities in parental migration, in: Marek NOWAK und Michał NOWOSIELSKI (Hrsg.): (Post)transformational Migration. Inequalities, Welfare State and Horizontal Mobility, Frankfurt am Main: Peter Lang Internationaler Verlag der Wissenschaften, 2011.

DERS.: School, family and EU-migration: sociological and educational implications, in: Sabine EGGER und John MCDONAGH (Hrsg.): Polish-Irishencounters in the old and new Europe, Skript, Frankfurt am Main: Peter Lang Internationaler Verlag der Wissenschaften, 2011.

ZELINKA, Elisabeta: The post-communism migration issues of Romania. The crossroads of three continents, 2007, URL: `http://www.migrationeducation.org/37.0.html`.

Zeitungs- und Zeitschriftenartikel

ABÉ, Nicola: Das Land der Kinder, in: Dein SPIEGEL 12 (2012), 24f.

DIES.: Migration. Republik der Kinder, in: DER SPIEGEL 38 (2012), URL: `http://www.spiegel.de/spiegel/print/d-88656072.html`.

ALLGEMEINE DEUTSCHE ZEITUNG FÜR RUMÄNIEN: ANOFM: 25.000 Arbeitslose weniger im April, Pressemeldung, 2013.

DIES.: Aus Altersgründen suche ich für meine gut gehende Zahnarztpraxis mit einem weit überdurchschnittlichen Privatumsatz eine/-n Nachfolger (m/w) mit Berufserfahrung und guten, deutschen Sprachkenntnissen, Anzeige, 2013.

DIES.: Haushaltshilfen für die Betreuung von älteren Menschen in Deutschland gesucht!, Anzeige, 2013.

DIES.: Haushaltshilfen für die Betreuung von älteren Menschen in Deutschland gesucht!, Anzeige, 2013.

DIES.: Industriepreise im März leicht gesunken, Pressemeldung, 2013.

DIES.: Mindesteinkommen und Familienzuwendung erhöht. Maßnahme soll steigende Energiepreise kompensieren, Pressemeldung, 2013.

DIES.: S & P: Kreditwürdigkeit Rumäniens unverändert bei „BB+/B", Pressemeldung, 2013.

DIES.: Welcher Zahnarzt hat Lust sich in Deutschland niederzulassen?, Anzeige, 2013.

Allgemeine Deutsche Zeitung für Rumänien: Wir sind eine langjährig etablierte Großpraxis für Radiologie und Nuklearmedizin in Südwestdeutschland (Großraum Stuttgart - Ulm). Zum nächstmöglichen Zeitpunkt ist bei uns eine Stelle als Facharzt/Fachärztin für Nuklearmedizin zu besetzen, Anzeige, 2013.

Dies.: Wir suchen zum 01.08.2013 15 Azubis, Anzeige von McDonald's, 2013.

Becker, Sven: Der deutsche Traum, in: DER SPIEGEL 9 (2013), S. 30–40.

Botoşani News: Date provisorii ale recensământului populaţiei: Judeţul Botoşani numără 398.938 persoane, Pressemeldung, 2012, URL: http://botosaninews.ro/87190/general/top-stiri/date-provizorii-ale-recensamantului-populatiei-judetul-botosani-numara-398-938-persoane/.

Dies.: Un centru de zi pentru copii va fi inaugurat, miercuri, la Dorohoi, Pressemeldung, 2010, URL: http://botosaninews.ro/38560/social/un-centru-de-zi-pentru-copii-va-fi-inaugurat/.

Dorohoi News: Elevii ai căror părinţi muncesc în străinătate vor putea comunica mai uşor cu aceştia. Vezi cum, Pressemeldung, 2012, URL: http://www.dorohoinews.ro/astazi_in_lume-440-Elevii-ai-caror-parinti-muncesc-în-strainatate-vor-putea-comunica-mai-usor-cu-acestia-Vezi-cum.html.

Grzanna, Marcel: „Papa vermisse ich, Mama nicht"– „Natürlich vermisst sie ihren Vater, aber ihre Mutter ist unmoralisch", in: unbuntu. Das Magazin für Kindheit und Kulturen 6 (2012).

Kaufmann, Anneliese: Im Kontrollwahn, Zeitungsartikel in: Der Freitag, 2013, URL: http://www.freitag.de/autoren/der-freitag/im-kontrollwahn.

Mappes-Niediek, Norbert: Analyse zu Rumänien. Vertrauen in den Staat zerstört, in: Frankfurter Rundschau: Politik 2012, URL: http://www.fr-online.de/meinung/analyse-zu-rumaenien-vertrauen-in-den-staat-zerstoert,1472602,16574152.html.

Mihai, Silviu: Gastarbeiter in der Walachei, in: Der Freitag. Politik 2012, URL: http://www.freitag.de/autoren/der-freitag/gastarbeiter-in-der-walachei.

Pinzler, Petra: Arme, junge, kluge Einwanderer, in: DIE ZEIT 19 (2013), 24f.

Rheinische Post: Bundesinnenminister ruft Städte zur schärferen Kontrolle von EU-Ausländern auf, Pressemeldung, 2013, URL: http://www.presseportal.de/pm/30621/2421495/rheinische-post-bundesinnenminister-ruft-staedte-zur-schaerferen-kontrolle-von-eu-auslaendern-auf.

Stocker, Frank: Wie die Heuschrecken über uns kamen, in: DIE WELT 2010, URL: http://www.welt.de/finanzen/article7225622/Wie-die-Heuschrecken-ueber-uns-kamen.html.

Strittmatter, Kai: Überlistete Großeltern, in: Süddeutsche Zeitung 208 (2012), S. 9.

Verseck, Keno: Kandidaten bei der Parlamentswahl: Rumäniens Gruselkabinett, in: SPIEGEL Online. Politik 2012, URL: http://www.spiegel.de/politik/ausland/bei-parlamentswahl-in-rumaenien-treten-dubiose-kandidaten-an-a-871085.html.

Wyputta, Andreas: Und sie ziehen weiter. Nokia verlässt Werk im rumänischen Cluj, in: taz. Die Tageszeitung 2011, URL: http://www.taz.de/!79191/.

Vorträge und Präsentationen

Beck-Gernsheim, Elisabeth: Transnationale Familien. Lebens- und Liebesbeziehungen in einer globalisierten Welt, Vortrag, Tagung „Transnationale Kindheit und die psychosozialen Folgen globaler Migration" in Marburg, 2012.

Hajji, Rahim: Verlusterfahrungen in transnationalen Familien und ihre Folgen für das Bindungsverhalten, Vortrag, Tagung „Transnationale Kindheit und die psychosozialen Folgen globaler Migration" in Marburg, 2012.

Koslowski, Radoslaw: Children left behind – the polish case, Präsentation, Konferenz „Left Behind. The impact of economic migration on Children Left Behind and their families", 2011, URL: http://www.childrenleftbehind.eu/download/abstract/10)PolishCase.pdf.

Mappes-Niediek, Norbert: Die Situation der Roma in Südosteuropa als gesamteuropäische Herausforderung, Vortragsreihe W-Forum der wissenschaftlichen Dienste des Bundestages, 2013, URL: http://www.bundestag.de/dokumente/textarchiv/2013/44560881_kw19_wforum_roma/index.html.

Rohr, Elisabeth: Transnationale Kindheit und die Globalisierung von Intimität, Vortrag, Tagung „Transnationale Kindheit und die psychosozialen Folgen globaler Migration" in Marburg, 2012.

Sandu, Dumitru: Romanians in the context of the migration system from the New to the Old European Union member states, Präsentation, Konferenz „Six years of labour market restriction in European Union", 2013, URL: https://sites.google.com/site/dumitrusandu/dumitrusandusociologsociologist/East_West\%20mig\%20system2.pdf.

Schirilla, Nausikaa: Transnationale Mutterschaft aus Osteuropa und die psychosozialen Folgen für zurückgelassene Kinder, Vortrag, Tagung „Transnationale Kindheit und die psychosozialen Folgen globaler Migration" in Marburg, 2012.

Interviews und Gespräche

Georgi, Fabian Alexander: Inwiefern ist Kapitalismus ursächlich für Migration?, Inwiefern ist Kapitalismus ursächlich für Migration?, Gespräch am 27.05.2013.

Popa, Silvia und Constantin Mitrofan: Kinder und Familien in Dorohoi, wo Eltern(-teile) im Ausland arbeiten, als Adressaten des Tageszentrums „Jurjac", Interview, 2013.

Tudorescu, Ovidiu: Kinder und Familien in Dorohoi, wo Eltern(-teile) im Ausland arbeiten. Teil 1, Interview, 2013.

Ders.: Kinder und Familien in Dorohoi, wo Eltern(-teile) im Ausland arbeiten. Teil 2, Interview, 2013.

Andere Medien

BIBLIONET: Lansarea proiectului „Te iubeşte mama" la Băcău, TV-Reportage, URL: http://www.youtube.com/watch?v=WCd2W3gSP2c.

BOBIRNEA, Iulian: Despre „Te iubeşte Mama!" şi voulntariat, Radio-Reportage, Radio Trinitas, Sendung „Weekend magazin", 2012, URL: http://dumitrachesilvia.wordpress.com/2012/09/23/despre-proiectul-te-iubeste-mama-la-radio-trinitas/.

CIULEI, Thomas: Podul de flori, Dokumentarfilm, 2008, URL: http://www.youtube.com/watch?v=GKq-asbrpGI.

LÖBL, Diana und Peter ONNEKEN: Ausgeliefert! Leiharbeiter bei Amazon, Dokumentarfilm, Hessischer Rundfunk, 2013, URL: http://www.ardmediathek.de/das-erste/reportage-dokumentation/ausgeliefert-leiharbeiter-bei-amazon?documentId=13402260.

MANU, Sorin: Home alone. A Romanian Tragedy, Dokumentarfilm, Evolution Film Production, 2010, URL: http://www.youtube.com/watch?v=FB02SQ6u6Pg.

MOSCHITZ, Ed: Mama illegal, Dokumentarfilm, 2011.

MUNGIU, Cristian: După dealuri, Spielfilm, 2012.

OFNER, Fritz und Gerald KNAUS: Zwischen den Welten, Dokumentarfilm, NGF Geyrhalterfilm/ORF, 2012, URL: http://tvthek.orf.at/programs/4791245-Balkan-Express.

WÖLFLE, Klaus: Verkauft und versklavt. Vom Kampf gegen den Menschenhandel, Dokumentarfilm, Bayrischer Rundfunk, 2013, URL: http://www.ardmediathek.de/das-erste/gott-und-die-welt/verkauft-und-versklavt?documentId=13032170.

Weitere Quellen

BUNDESREGIERUNG: Antwort der Bundesregierung auf die Kleine Anfrage der Abgeordneten Ulla Jelpke, Herbert Behrens, Sevim Dagdelen, weiterer Abgeordneter und der Fraktion DIE LINKE. Haltung der Bundesregierung zum Umgang mit EU-Bürgerinnen und EU-Bürgern aus Rumänien und Bulgarien, Drucksache 17/13322, Deutscher Bundestag. 17. Wahlperiode, 2013.

CONRAD, Martin: Weiter hohe Zuwanderung nach Deutschland im Jahr 2012, Pressemitteilung des Statistischen Bundesamtes, 2013, URL: https://www.destatis.de/DE/PresseService/Presse/Pressemitteilungen/2013/05/PD13_156_12711pdf.pdf?__blob=publicationFile.

EUROPEAN COMMISSION: Report from the Commission to the Council on the Functioning of the Transitional Arrangements on Free Movement of Workers from Bulgaria and Romania, Report, 2011, URL: http://ec.europa.eu/deutschland/press/pr_releases/10283_de.htm.

JELPKE, Ulla, Herbert BEHRENS und Sevim DAGDELEN: Kleine Anfrage. Haltung der Bundesregierung zum Umgang mit EU-Bürgerinnen und EU-Bürgern aus Rumänien und Bulgarien, Drucksache 17/12895, Deutscher Bundestag. 17. Wahlperiode, 2013.

LUCA, Cătălin: Ghid pentru părinţii care pleacă la muncă în străinătate, Editura Terra Nostra, Iaşi, 2009.

DERS.: Manual pentru professioniştii care lucrează cu copiii rămaşi singuri acasă ca urmare a plecării părinţilor la muncă în străinătate, Editura Terra Nostra, Iaşi, 2009.

DERS.: Metodologie. Asistenţă socială, psihologică şi juridică a copiilor rămaşi singur acasă ca urmare a plecării părinţilor la muncă în străinătate, Editura Terra Nostra, Iaşi, 2007.

MINISTERUL MUNCII, FAMILIEI, PROTECŢIEI SOCIALE ŞI PERSOANELOR VÂRSTNICE: Acorduri bilaterale în domeniul circulaţiei forţei de muncă, 2013, URL: http://www.mmssf.ro/nou/index.php/ro/munca/relatii-bilaterale-si-organizatii-internationale/34-acorduri-bilaterale-in-domeniul-circulatiei-fortei-de-munca.

DERS.: Ministerium für Arbeit, Familie, sozialen Schutz und ältere Personen, 2013, URL: http://www.mmuncii.ro/nou/index.php/ro.

DERS.: Statistics. Number of employees, 2011–2012, Tabelle, 2013, URL: http://sas.mmssf.ro/nou/index.php/en/services/statistics/statistic-data.

NATIONAL INSTITUTE OF STATISTICS: Căştiguri salariale 1991–2013, 2013, URL: http://www.insse.ro/cms/rw/pages/castiguri91-2013.ro.do.

DERS.: Employment and unemployment in 2012. Main results, Pressemitteilung Nr. 92 vom 17.04.2013, 2013, URL: http://www.insse.ro/cms/files/statistici/comunicate/com_anuale/ocup-somaj/somaj_2012e.pdf.

WOLLENSCHLÄGER, Sibylle: Zuwanderung von rumänischen Arbeitnehmerinnen nach Deutschland und Zugang zum deutschen Arbeitsmarkt im Bereich von Haushaltsdienstleistungen und Pflegedienstleistungen, unveröffentlichte Projektstudie, 2011, URL: http://www.fhws-fas.de/images/professoren/wollenschlaeger/dokumente/publik_wollenschlaeger_012001.pdf.

Internetseiten

Children Left Behind:
http://www.childrenleftbehind.eu/?cat=1 (letzter Zugriff am 06.03.2013)

CELSI. Central Eastern Labour Studies Institute:
http://www.celsi.sk/en/ (letzter Zugriff am 06.03.2013)

CEEOL. Central and Eastern European Online Library:
http://www.ceeol.com/ (letzter Zugriff am 07.03.2013)

DAS. Direcţia de Asistenţă Socială Dorohoi:
http://www.dasdorohoi.ro/ (letzter Zugriff am 18.03.2013)

Destatis. Statistisches Bundesamt:
https://www.destatis.de/DE/Startseite.html (letzter Zugriff am 27.06.2013)

Diaspora Progresită. Romanian Open Society Abroad:
http://diasporaprogresista.eu/ (letzter Zugriff am 20.03.2013)

Die Bundesregierung:
http://www.bundesregierung.de/Webs/Breg/DE/Startseite/startseite_node.html (letzter Zugriff am 28.05.2013)

ILO. International Labour Organization:
http://www.ilo.org/global/lang–en/index.htm (letzter Zugriff am 08.03.2013)

IMIS. Institut für Migrationsforschung und Interkulturelle Studien:
http://www.imis.uni-osnabrueck.de/ (letzter Zugriff am 07.03.2013)

INS. Institutul Naţional de Statistică:
http://www.insse.ro/cms/rw/pages/index.ro.do (letzter Zugriff am 26.06.2013)

IOS. Institut für Ost- und Südosteuropaforschung:
http://www.ios-regensburg.de/ (letzter Zugriff am 07.03.2013)

Migration – Citizenship – Education:
http://www.migrationeducation.org/home.0.html (letzter Zugriff am 07.03.2013)

MigrationOnline.cz:
http://www.migrationonline.cz/ (letzter Zugriff am 07.03.2013)

Ministerul Muncii, Familiei, Protecţiei Sociale şi Persoanelor Vârstnice:
http://www.mmuncii.ro/nou/index.php/ro/ (letzter Zugriff am 26.06.2013)

Netzwerk Migration in Europa:
http://www.network-migration.org/ (letzter Zugriff am 07.03.2013)

Soros Foundation Romania:
http://www.opensocietyfoundations.org/about/offices-foundations/soros-foundation-romania (letzter Zugriff am 07.03.2013)

Primaria Municipiului Dorohoi:
http://www.primariadorohoi.ro/ (letzter Zugriff am 21.06.2013)

singuracasa.ro:
http://www.singuracasa.ro/index.php (letzter Zugriff am 27.05.2013)

UNICEF. United Nations International Children's Emergency Fund:
http://www.unicef.org/index.php (letzter Zugriff am 06.03.2013)

Danksagung

Mein besonderer Dank gilt

Frau Prof. Dr. Elisabeth Rohr für ihre Bereitschaft,
mich in dieser Arbeit zu begleiten,
Frau Prof. Dr. Heike Schnoor für ihre freundliche Unterstützung dieses Projektes,
Herrn Simon Schleimer,
dem ich jeden Frage zur Forschungspraxis stellen durfte,
Herrn Dr. Uwe Feldbusch für die Bereitstellung der nötigen technischen Ausstattung,
Herrn Ionel Ursea-Baciu für die freundliche Zusammenarbeit vor Ort,
Frau Lăcrămioară und Frau Dorina für den herzlichen Empfang und die weiterführenden Informationen,
dem Schulpsychologen der Schule Nr. 5 aus Dorohoi,
dass er sich Zeit für meine Fragen genommen hat,
dem Leiter der örtlichen Sozialassistenz-Direktion in Dorohoi für die freundliche und umfassende Hilfestellung,
der Soziologin, die das Tageszentrum „Jurjac“ in Dorohoi leitet,
dass sie Zeit für meine Fragen fand,
Frau Veronica Florea und Frau Simona Agrigoroaie für die schnelle Bearbeitung meines Anliegens,
Frau Alina und Herrn Gabriel Velniceriu für die Bereitstellung der von ihnen erhobenen Daten und die großzügige Hilfsbereitschaft über den Forschungszeitraum hinaus,
Herrn Bartlomiej Wałczak für die Zusendung seiner erhobenen und ausgewerteten Daten,
Herrn Fabian Alexander Georgi für seine konstruktive Kritik,
Herrn Ovidiu Ioan, dass er sich Zeit genommen hat, mir sein Land zu erklären,
Herrn Frank Eckhardt und Herrn Jakob Jochimsen für ihre Unterstützung bei der Erstellung dieser Arbeit,
Frau Petra Brunner, Frau Kathrin Schönwald, Frau Lisa Freiwald, Herrn Johannes Huth und Herrn Lukas von Nordheim für ihre kritische Beurteilung und Korrektur,
Herrn Gregor Öhl für seine große Hilfe bei der technischen Umsetzung dieser Arbeit und seine konstruktive Kritik
und meinen Eltern für ihre Korrektur und ihren Rat,
sowie
dem Verein „Hope for the Children International e.V.“, Dorohoi,
der Şcoala gimnazială nr. 5 „Spiru Haret“, Dorohoi,
dem Centru de zi „Jurjac“, Dorohoi,
der Primăria Municipiului Dorohoi und
der Dr. Wolffschen Stiftung, Marburg.